Rätsel, Denkspaß, Kniffeleien

Rätsel
Denkspaß
Kniffeleien

Zusammengestellt
aus »Denk-Spaß«-Büchern aus 20 Jahren
Ravensburger Taschenbücher
von B. Manuel

Otto Maier Verlag Ravensburg

Als Ravensburger Taschenbuch Band 946
erschienen 1984

Quellennachweis siehe Seite 319

Umschlagentwurf: Achim Köppel

Gesamtherstellung: Ebner Ulm
Printed in Germany

5 4 3 2 88 87 86 85 84

ISBN 3-473-38946-3

5

Erste Runde

ung ung
ung ung
ung ung
ung ung
T
n
n!

7

Wie die Frag' so die Antwort

Welches Netz wird nicht geknüpft?
Welches Blatt fällt nicht vom Baum?
Welcher Hahn ist, der nicht schlüpft?
Welche Nacht schenkt keinen Traum?

Welcher Schirm schützt nicht vor Nässe?
Welche Winde wehen nicht?
Welches Pferd trägt keine Blesse?
Welche Wölfe heulen nicht?

Welcher Löffel fehlt bei Tische?
Welches Messer schneidet nicht?
Welche Gabel meidet Fische?
Welcher Stecher sticht dich nicht?

Welches Korn kommt nicht ins Brot?
Welche Blume blüht uns nicht?
Welcher Apfel wird nicht rot?
Welcher Nagel rostet nicht?

Welcher Baum ist nie belaubt?
Welchen Hund gibt's, der nicht beißt?
Welche Krone krönt kein Haupt?
Sag es, wenn du solches weißt!

8

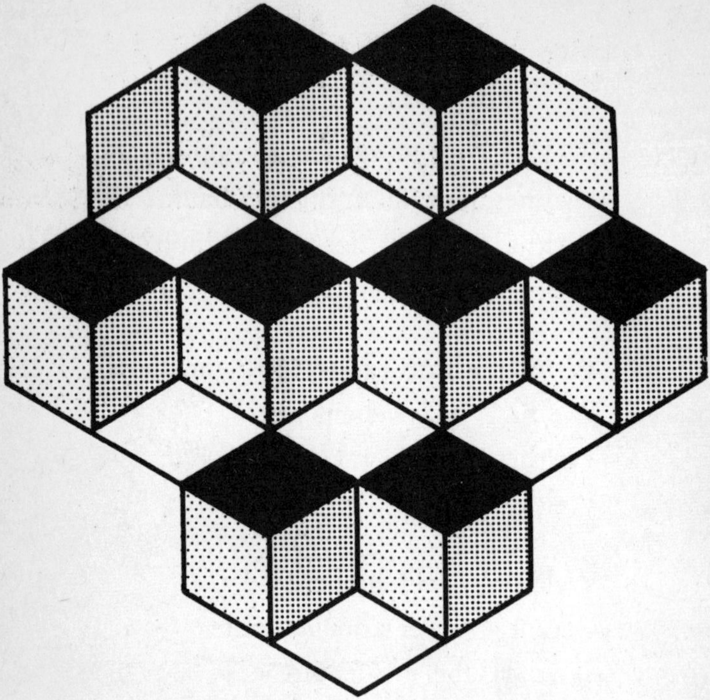

Wer sieht gut: Sind es sieben oder acht Würfel?

9

Der perfekte Palindrom

Ich bin ein Palindrom. Eine ganz gewöhnliche Zahl. Hat nichts zu sagen, von welcher Seite du zu mir kommst. Von vorn oder von hinten - immer seh ich gleich aus. Und ich kann so groß sein, wie du willst. Und auftauchen kann ich überall ... in deiner Hausnummer, in deiner Telefonnummer oder in der Zahl von eurem Auto-Nummernschild ...

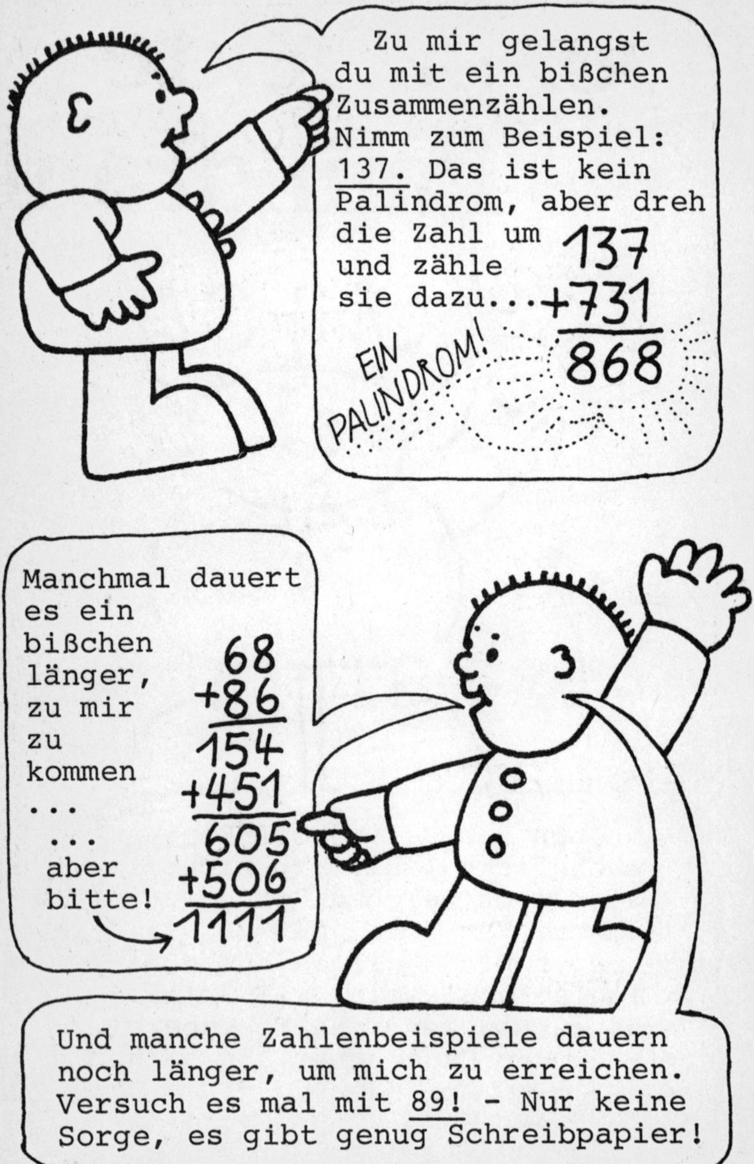
Zu mir gelangst du mit ein bißchen Zusammenzählen. Nimm zum Beispiel: 137. Das ist kein Palindrom, aber dreh die Zahl um und zähle sie dazu...
137
+731
868
EIN PALINDROM!
Manchmal dauert es ein bißchen länger, zu mir zu kommen ... ... aber bitte!
68
+86
154
+451
605
+506
1111
Und manche Zahlenbeispiele dauern noch länger, um mich zu erreichen. Versuch es mal mit 89! - Nur keine Sorge, es gibt genug Schreibpapier!

Es gibt auch Palindrom-Worte. Zum Beispiel:

NUN ANNA OTTO RADAR

Und Palindrom-Sätze:

ELLY BISS SIBYLLE

EIN ESEL LESE NIE

EIN NEGER MIT GAZELLE ZAGT IM REGEN NIE

WELCHES KOMMENDE JAHR WIRD AUCH EIN PALINDROM SEIN?

Das Riesen-Labyrinth

Finde den Weg hin und zurück

4
6
3
7
5
1
2

15

Aufs Glatteis geführt

„Mama! Kann ich bitte 50 Pfennig haben für den armen Mann, der da unten so schreit?"
„Hm. Na ja. Was schreit er denn?"
„Himbeer-, Schokolade- und Vanilleeis. Die Tüte nur 50 Pfennig!"

Ein Betrunkener steigt in ein Taxi und lallt: „Zum Bahnhof bitte – hicks!"
„Wir sind doch am Bahnhof", grinst der Taxifahrer.
Da zieht der Betrunkene einen Zehnmarkschein aus der Tasche und murmelt: „Stimmt so, aber das nächste Mal – hicks – fahren Sie bitte nicht so schnell!"

Zwei Männer im Eisenbahnabteil. Der eine kaut Apfelkerne. Fragt der andere: „Warum tun Sie das?" – „Damit ich klüger werde!" – „Hm! Kann ich auch mal einen haben?" – „Natürlich! Aber das kostet pro Kern eine Mark!"
Der andere zahlt und kaut seinen Apfelkern. Plötzlich: „Mensch, für 1 DM hätte ich mir ja eine ganze Tüte Äpfel kaufen können!"
Nickt der erste und meint: „Sehen Sie, es wirkt schon!"

Peter und Sabine wandern an den Eisenbahnschienen entlang. Peter stolpert und fällt hin. „Au!" schreit er. „Verdammte Schiene! Mann, ist die hart!"
Meint Sabine: „Fall doch das nächste Mal auf eine Weiche!"

Henning und sein kleiner Bruder haben zusammen nur einen Schlitten.
Sagt die Mutter: „Ihr müßt ihn abwechselnd benutzen."
„Gut", sagt Henning. „Komm, Alfred, ich nehm ihn zum Runterfahren, und wenn es raufgeht, kriegst du ihn."

Dicker Nebel. Ein Autofahrer klebt förmlich an den Schlußleuchten seines Vordermannes. Der bremst plötzlich, und es gibt einen Auffahrunfall.
Wütend brüllt der Hintermann los: „Wieso bremsen Sie so idiotisch!"
Antwort: „Na hören Sie mal, was haben Sie überhaupt in meiner Garage zu suchen!?"

Winterliche Temperaturen im Hochsommer führten zu folgendem Werbe-Text an einer Eisdiele:
Himbeereis
Schokoladeneis
Vanilleeis
Zitroneneis
Glatteis

Was wird ein Elefant, wenn er zehn Jahre alt ist? –
Elf.

In diesen sieben Zeilen ist eine geheime Botschaft für Dich versteckt. Wenn Du sie erfahren willst, mußt Du alle Zeichen bunt ausmalen und die entsprechenden Buchstaben zeilenweise von oben nach unten ablesen. Zum Ausmalen mit Buntstiften (die sind besser als Filzstifte) nimm diese Farben: b = blau, g = gelb, gr = grün, o = orange, r = rot, s = schwarz, v = violett. Wie mag die Botschaft lauten?

19

Was ist richtig?

Intelligenztest für Kinder ab 3

Die Mutter knüpft	Hochhäuser? Marmeladegläser? Verbindungen zu einer Frischeierlieferantin vom Land?
Den Vater grüßen	Kamele? Brillenschlangen? schon von weitem die Türme seiner Heimatstadt?
Das Baby hat	Fledermäuse? Tauchsieder? die Windeln voll?
Die „Hexe“ hat einen	Luxuswagen? Müllzerkleinerer? besonderen Freßnapf für Langohrhunde?
Der Clown mag	Knackwürste? Delphine? schon recht alt sein, ist aber immer noch komisch?
Das Buch hat	Haare? Stacheln? leider einige Druckfehler?
Der Postbote bringt	Aussichtstürme? Telegramme? es täglich auf 10 km und 1200 Stufen?
Die Blumenfrau verkauft	Milch? Heuschrecken? ihr Geschäft an einen Altwarenhändler?

Wer meint,
daß die Mutter ja einen Teppich mit Hochhäusern knüpfen könnte,
der Vater von seinen brillentragenden Töchtern begrüßt wird,
der Clown Knackwürste und erst recht Delphine mag,
der Postbote ganz gewiß auch Telegramme bringt
und die Blumenfrau versehentlich auch einmal eine unter Blüten versteckte Heuschrecke verkaufen könnte –
wer das meint, hat sicher recht und den Intelligenztest bestanden. Wer aber jeweils die dritte Antwort vorzieht, der hat außerdem den Spaß verstanden.

20

Wie heißen die 3 Städte?

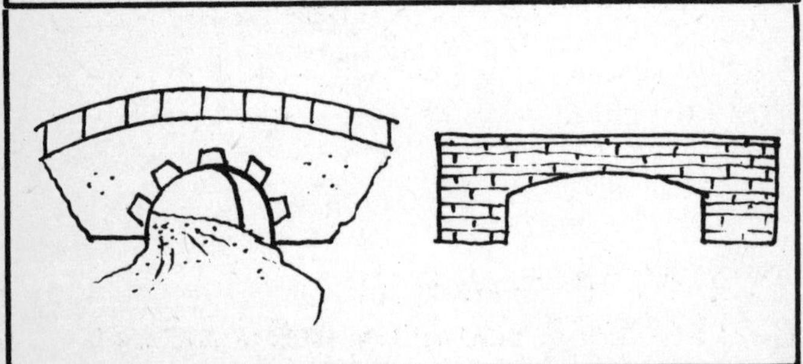

Ich wette, daß du dich nicht auf die Zehenspitzen stellen kannst!

Aufgabe: Stell dich mit dem Gesicht zur Kante einer offenstehenden Tür. Nase und Bauch sollten sie berühren. Nimm die untere Türecke zwischen deine Füße. Versuch doch mal, dich auf die Zehenspitzen zu stellen.

Trick: Du bleibst wie angewurzelt stehen. Um die Aufgabe zu lösen, müßtest du deinen Schwerpunkt nach vorn verlagern. Das geht aber nicht, weil dir die Tür im Weg ist.

Was bin ich?

Erfinder

Haushälterin

Flugzeugträger

Preisboxer

heit legen

Wer sitzt auf der Wiese, ist grün und macht „Muh"?

Was läuft im Kreis und ist nicht rund?

Woran merkt man, daß zwei Elefanten im Kühlschrank sind?

Wer fliegt ohne Flügel?

ku kra

24

Tiere, die noch keiner sah

Der Stolz eines Zoos ist es, seinen Besuchern möglichst viele und auch seltene Tierarten zu zeigen. Darum ist meistens in der Nähe des Eingangs eine Hinweistafel zu finden, die auf besonders sehenswerte Zooinsassen, auf Jungtiere und Neuankömmlinge aufmerksam macht. Hier auf der Tafel des Rätselzoos stehen nur Tiere mit sehr fremdartig klingenden Namen. Eines dieser Tiere – der Rollgai – hat sich ja bereits vorgestellt. Daß er im Affenhaus und nicht bei den Papageien untergebracht ist, hat seinen Grund: Der Rollgai gehört wirklich ins Affenhaus; denn hinter seinem Namen verbirgt sich ein ganz anderes Tier. Auch das Makelschaf, der Op-Adler und die übrigen „Fremdlinge" gehören in die Tierhäuser und Gehege, die neben den einzelnen Namen als Aufenthaltsort genannt werden. Diese Angaben zeigen manchen Anhaltspunkt, zu welchen Tiergruppen die rätselhaften Tiere gehören. Ihre sonderbaren Namen verdanken sie der Hinweistafel, die – als Spezialanfertigung für den Rätselzoo – mit Schiebebuchstaben ausgestattet wurde. Das war so verlockend, daß ein Spaßvogel die Buchstaben innerhalb der einzelnen Zeilen verstellt hat. Beim Umgruppieren dieser Buchstaben entpuppen sich alle die geheimnisvollen Unbekannten dann schnell als bekannte Zootiere. Wie heißen diese Tiere?

Affenhaus

Affenhaus

Raubtierhaus

Rinderweide

Wärmehaus für Tropentiere

Afrikanische Großtiere

Aquarium

Großtierhaus für Dickhäuter

Kamelweide

Robben-Freianlage

Raubtierhaus

Wärmehaus für Reptilien

Vogelhaus

R	O	L	L	G	A	I					
A	N	G	R	O	N	A	U	T			
O	P	A	D	L	E	R					
S	N	O	B	I							
R	A	U	F	T	E	I	L				
R	A	F	F	G	E	I					
P	F	E	R	D	E	E	C	H	S	E	N
A	N	N	H	O	R	S					
M	A	K	E	L	S	C	H	A	F		
S	E	N	D	H	E	U					
G	R	E	I	T							
K	I	L	O	K	O	R	D				
B	I	R	K	I	L	O					

Berufe, die es gar nicht gibt

Wenn du mit deinen Freunden zusammen bist, probiert mal folgendes nette Denkspiel. Ihr sucht euch zusammensetzbare Hauptwörter, aus denen man neue und seltsame Berufe machen kann. Ein Beispiel: Aus dem Rechenschieber, den du ja aus der Schule kennst, wird ein gärtnerischer Spezialberuf: ein Mann, der den Rechen schiebt.
Nun weißt du auch, wo der Witz bei den folgenden Fragen liegt. Es gibt noch viele Wörter, die sich auf diese Art umdeuten lassen.

1. Was ist das für ein Mann: Er sitzt am Ufer des Meeres, greift eine Welle nach der anderen und zerbricht sie in lauter einzelne Tropfen?

2. In den Obsthandlungen werden jetzt Leute ausgebildet, die die sauren gelben Früchte wie einen Brief viermal knikken müssen. Was ist das für ein Anlernberuf?

3. Auf den großen Südfruchtplantagen werden Leute beschäftigt, die von jeder Banane und Orange Länge und Umfang feststellen müssen. Wie heißt dieser Beruf?

4. Weißt du, wie die Arbeiter heißen, die die Ölsardinen in der Fischfabrik so schön nebeneinander in die Dosen legen?

5. In verschiedenen Gärtnereien werden Spezialkräfte gesucht, die den Kohl von den schädlichen Raupen befreien müssen. Wie heißen diese Leute?

6. Ein Mann muß auf dem Fußballplatz dafür sorgen, daß kein Spieler auf die Knie fällt. Was ist er?

Wer gehört zu welcher Familie?

BACHE - BOCK - BULLE - EBER - ENTE - ERPEL - FERKEL - FOHLEN - FRISCHLING - HAHN - HENGST - HENNE - HÜNDIN - KALB - KATER - KÄTZCHEN - KATZE - KEILER - KITZ - KUH - KÜKEN - KÜKEN - RICKE - RÜDE - SAU - STUTE - WELPE

	Vatertier	Muttertier	Jungtier
Schwein			
Pferd			
Ente			
Reh			
Elefant			
Hund			
Eichhörnchen			
Wildschwein			
Fasan			

Trage alle Namen am richtigen Platz ein!

VERBINDEN

Es wird abwechselnd gezogen.

Verbindet je 2 Punkte, die nebeneinander liegen, immer anschließend: geradeaus oder quer (nicht schräg!).

Es kann immer nur 1 Punkt mit 1 anderen verbunden werden.

Gewinner ist, wer den letzten Verbindungsstrich macht.

CH CH
CH   CH
CH W CH
CH   CH
CH CH
CH CH
CH   CH
CH   CH

Welcher Indianer braucht seine Füße nie zu waschen?

Welches ist der höflichste Beruf?

Ist die Kartoffel eine Behörde?

Wie konnten die Leute früherer Zeiten ohne Telefon leben?

Wie kann man aus Kalbsgulasch Rindsgulasch machen?

Was wird naß beim Trocknen?

Welches Wasser kann nie gefrieren?

Wer ist das: Mit Last beladen kann es gehen, nimm ihm die Last, so muß es stehen?

Was hat nur eine Oberfläche?

Was läuft immer nach oben, auch wenn's abwärts geht?

Was ist das: Wenn man's braucht und hat es nicht sofort, braucht man's nie mehr?

Wie kann einer, der keinen Wecker hat, doch zwischen 6 und 7 erwachen?

31

Zweite Runde

Wie Kinder heißen

Konstantin Hermelin,
Miriam Schildpattkamm,
Ehrentraud Sauerkraut,
Christian Würstelmann,
Melanie Potpourri,
Eberhard Ziegenbart,
Ingeborg Stöpselkork.

Marianne Badewanne,
Karoline Apfelsine,
Willibald Wienerwald,
Gerda-Jutta Hühnerfutter,
Annemie Sellerie,
Margarete Gurkenbeete,
Friederich Sonnenstich.

Sigismund Blindenhund,
Claudius Reisebus,
Josefine Mandoline,
Bert-René Kanapee,
Lorehanne Weihnachtstanne,
Eva-Berta Affenwärter,
Bertram-Fritz Dummerwitz.

Stimmt es – oder stimmt es nicht?

... daß der Afrikanische Strauß den Kopf in den Sand steckt, wenn er sich bedroht sieht?

... daß es Singvögel gibt, die auf dem Grund seichter Gewässer umherlaufen, um unter Wasser nach Insekten zu suchen?

... daß auf der Insel Man in der Irischen See eine Rasse schwanzloser Hauskatzen gezüchtet wurde?

... daß jeder Tausendfüßler genau tausend „Füße“ oder fünfhundert Beinpaare hat?

... daß der Vielfraß ein besonders gefräßiges Tier ist, das an Raubgier alle Landraubtiere übertrifft?

... daß Katzen, Füchse und andere nächtlich jagende Tiere in stockdunkler Nacht besonders gut sehen, weil ihre Augen leuchten?

... daß der Kampfstier durch rote Farbtöne und darum auch durch das rote Tuch des Stierkämpfers besonders gereizt und angriffslustig wird?

... daß es Regenwürmer gibt, die mehrere Meter lang und fingerdick sind?

... daß es auch auf dem europäischen Festland wildlebende Affen gibt?

34

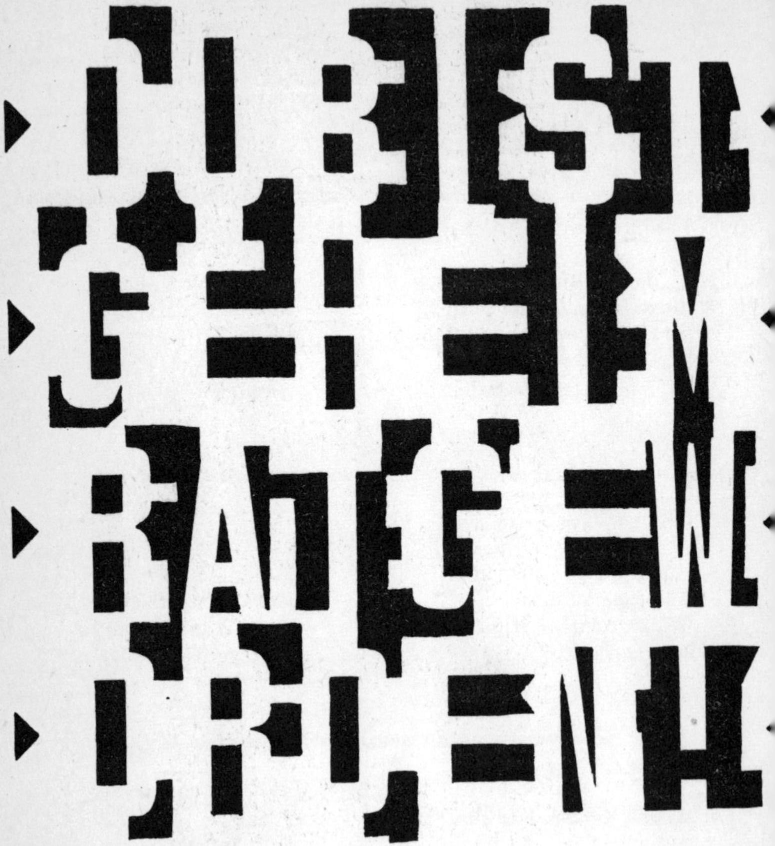

Ohne Hilfsmittel ist diese Schrift nur mit großer Mühe zu entziffern. Du brauchst dazu die nebenstehende Schablone. Wenn du sie sorgsam ausgeschnitten hast, lege sie Zeile für Zeile auf (jeweils an den Dreiecken ansetzen). Dann kannst du den Text lesen. In vier Zeilen steht eine geheime Botschaft.

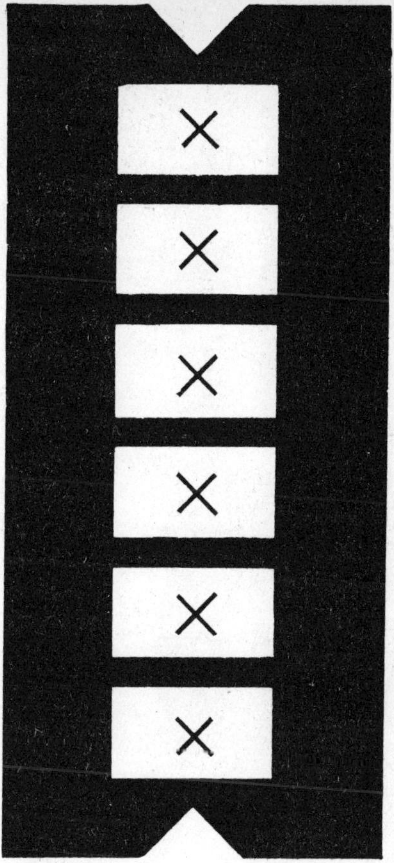

Je genauer du diese Schablone am schwarzen Rand abschneidest und die sechs weißen, mit einem × gekennzeichneten Fenster aus den schwarzen Rähmchen herausschneidest, desto besser wirst du die Nachricht lesen können. Eine Hilfe: Mit einer kleinen Schere ein Loch in die weißen Fenster bohren, in Richtung der vier Ecken schneiden und dann an den Rändern entlang. Vorsichtig!

37

Musikalischer Rebus

Besser eine Glatze als gar keine Haare

Was ist Energieverschwendung?
Wenn man einem Glatzköpfigen eine haarsträubende Geschichte erzählt!

„Au!“ schreit der Kunde beim Friseur, „Sie haben mir ein Stück vom Ohr abgeschnitten!“ – „Verzeihung!“ murmelt der Friseur. „Soll ich vielleicht die Ecken etwas abrunden?“

„Schrecklich“, sagt Klaus, „mir fallen vor lauter Sorgen schon die Haare aus.“
„Worüber machst du dir denn Sorgen?“
„Daß ich eine Glatze kriegen könnte!“

„Warum erzählen Sie eigentlich Ihren Kunden beim Haarschneiden immer so grausige Geschichten?“ fragt jemand seinen Friseur.
„Ganz einfach“, antwortet der. „Dann stehen den Leuten die Haare zu Berge, und ich kann sie ihnen viel besser schneiden!“

„Hab ich Sie nicht schon mal rasiert?" fragt der Friseur, um mit dem Fremden ein Gespräch anzufangen.
„Nein. Das Ohr hab ich im Krieg verloren."

Beim Friseur erscheint Herr Breithaupt, der nur noch drei Haare hat, um sich frisieren zu lassen.
„Wie hätten sie's denn heute gerne?"
„Scheitel auf der linken Seite, bitte."
Also legt der Friseur ein Haar nach links und zwei nach rechts. Doch dabei geht ihm ein Haar aus.
„Oh, Verzeihung, Herr Breithaupt. Was sollen wir machen?"
„Mittelscheitel!"
Doch als der Friseur dem Wunsch nachkommen will, geht das zweite Haar aus: „Entschuldigung, Herr Breithaupt. Was machen wir jetzt?"
„Lassen Sie's, mein Lieber. Ich gehe heute ungekämmt nach Hause!"

„Ihr Hund scheint Spaß daran zu finden, zuzuschauen, wie Sie Ihren Kunden die Haare schneiden."
„Das stimmt. Manchmal fällt dabei auch ein Ohr für ihn ab . . ."

Ein Fremder kommt zum Herrenfriseur in einem kleinen Dorf. Der Lehrling spuckt in die Schale, tut etwas Seife dazu und macht Schaum.
„Oh", meint der Fremde pikiert, „machen Sie das immer so?"
„Nein", sagt der Meister, „nur bei Fremden. Den Einheimischen spuckt er direkt ins Gesicht."

Bin ich denn blöd?

Das Spiel heißt »Bin ich blöd?«, weil es genau das ist, was die Erwachsenen immer sagen, nachdem sie das Spiel versucht und schließlich aufgegeben haben. (Sie fragen: »Bin ich denn blöd?« und schlagen sich dabei vor die Stirn.)
Aber vielleicht hast du Pech, und du erwischst grade einen besonders klugen Erwachsenen – oder einen Mathematiker.

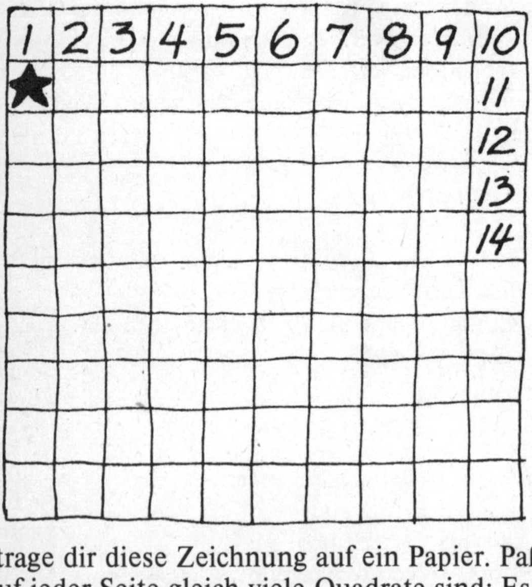

Übertrage dir diese Zeichnung auf ein Papier. Paß auf, daß auf jeder Seite gleich viele Quadrate sind: Es müssen 10 x 10 Quadrate sein.
Dann schnapp dir einen Erwachsenen.

Sag zu ihm: »Schau mal, diese Zeichnung! Es ist ein Feld mit 10 x 10 Quadraten. Kannst du - ohne weiterzuzählen - herausfinden, welche Zahl auf das Quadrat mit dem Stern kommt, wenn man die Zahlen immer weiter rundherum eintragen würde?«

Wenn der Erwachsene geraten hat, zähle die Quadrate aus. Die Zahl ist 36. Nur wenige Leute erraten sie. Die anderen schlagen sich meist vor die Stirn, wenn du ihnen die Lösung zeigst . . .
Dann gib ihnen noch eine Chance und sage:

»Wo würde die 50 landen? - Und wo die 100?«

Zähle es aus. Und dann sagst du: »Sieht es wirklich so aus, als wenn das Quadrat mit der 50 in der Mitte zwischen 1 und 100 liegt? Ist das nicht irre?«

(Und mach bloß nicht so ein überhebliches Gesicht! Denn ohne dieses Buch hättest du's auch nicht besser gewußt!)

KURZKRIMI

Kriminalkommissar Blech ging nach Hause. Dienstschluß. Er ging durch das Villenviertel. Die Straßen leer. Mitternacht vorbei. Jede zweite Straßenlampe dunkel. Obwohl nach Dienst, streifte sein Professionistenblick Fenster, Haustore, Gärten. Da stutzte er. Hinter einem Fenster flackerte Taschenlampenlicht, verlöschte, traf wieder die Fensterscheibe, erschien im nächsten Fenster, im übernächsten, lief durch das ganze Stockwerk.

Blech zögerte nicht lange, schwang sich über den Gartenzaun, drückte die Tür auf, die nicht verschlossen war (Fluchtweg offen lassen!), tastete im Dunkeln am Rand der Treppe in den ersten Stock (Holztreppen betrat er nie in der Mitte, weil sie dann meistens knarren) und bemerkte einen Lichtschein, der durch eine halbgeöffnete Tür kam. Er schlich näher, riß seine Pistole aus dem Halfter, stieß mit dem Fuß die Tür vollends auf und brüllte:

„Hände hoch, Polizei!“

Die Taschenlampe fiel zu Boden und leuchtete den Teppich entlang. Eine Männerstimme kreischte: „Nicht schießen, ich bin's!"

Blech stürzte auf die Stimme zu. Aber wie eine Katze entkam der Mann ins nächste Zimmer, und Blech rannte in einen Spiegel und zerbrach ihn. Er fluchte, griff nach der Taschenlampe und stürmte dem Mann nach, der von Zimmer zu Zimmer huschte.

„Stehenbleiben – oder ich schieße!" rief Blech.

Der Mann blieb nicht stehen und Blech schoß. Es klirrte, eine Vase zersprang in tausend Scherben (chinesische Vase aus der Ming-Dynastie, wie sich später herausstellte). Blech wurde nervös. Er rannte in das Erdgeschoß, entdeckte das Telefon und bat um Verstärkung, während er die Tür im Auge behielt. Minuten später war das Haus von Polizisten umstellt, das Blaulicht erhellte flackernd die gesamte Nachbarschaft, und die Sirenen weckten sogar jene Leute, die Schlaftabletten geschluckt hatten.

Dann stürmte die Polizei das Haus.

„Macht Licht!" schrie der Einsatzleiter, ein Oberkriminalrat.

„Es brennt keines", antwortete ein Polizist.

„Dann sucht den Sicherungskasten", befahl der Oberkriminalrat.

Sie fanden den Sicherungskasten. Er war offen. Auf dem Fußboden davor kauerte ein zitternder Mann im Pyjama und schluchzte.

„Wer sind Sie?" fragte der Einsatzleiter scharf.

„Ich bin der Hauseigentümer", antwortete verschreckt der Mann.

„Und der Einbrecher?" fragte der Einsatzleiter.

„Ist das der, der auf mich geschossen hat?" fragte der Mann zurück. „Ich habe einen Kurzschluß im Haus und bin von Zimmer zu Zimmer gegangen, um alle Stecker herauszuziehen, da ist einer aus der Dunkelheit auf mich losgesprungen und hat geschrien: Hände hoch, Polizei! – Ich danke Ihnen, daß Sie mich gerettet haben."

Der Einsatzleiter kratzte sich am Kinn.

„Blech!" brüllte er dann.

Und Blech kam.

„Bringen Sie das hier in Ordnung, Blech, aber sofort!" sagte der Einsatzleiter.

„Jetzt?" antwortete Blech verwundert, „jetzt habe ich dienstfrei. Und außerdem bin ich kein Elektroinstallateur."

Blech drehte sich um, steckte die Pistole ein und ging. Er ging durch das Villenviertel. Die Straßen waren noch immer leer und finster. Blechs Professionistenblick streifte Fenster, Haustore und Gärten. Denn ein echter Kriminalist läßt sich keine Gelegenheit entgehen, dem bedrohten Mitbürger helfend beizuspringen.

Das ist höchste Menschenpflicht.

Die rätselhaften Punkte

Ist Euch mal ein Buch in die Hände gekommen, in dem Buchstaben oder ganze Wörter durch Punkte ersetzt waren? Was bedeuten sie? Rätselhaft! Wer es geschrieben hat, überläßt dem Leser, sich etwas dabei zu denken; der Leser soll mitdenken, er muß aufpassen und die Handlung genau verfolgen. Nicht anders ergeht es jetzt Euch: In sechs Feldern mit je zwei

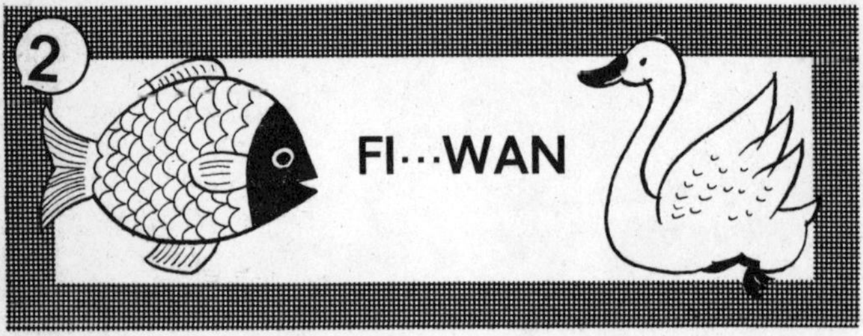

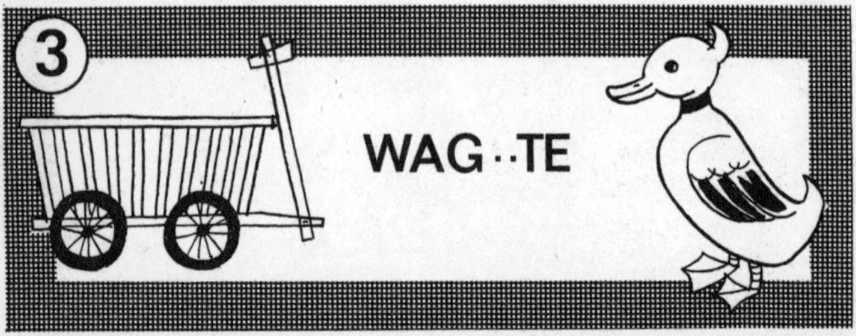

Darstellungen sind immer zwei Dinge zu einer Unterschrift verknüpft, die nicht vollständig ist. Rätselhafte Punkte ersetzen einige Buchstaben. Welche? Das erratet! Da die Abbildungen und die Unterschriften in engster Beziehung stehen, wird das Raten sehr leicht. Denn jede Unterschrift besteht „eigentlich" aus zwei Wörtern. Das Ende des ersten bildet den Kopf des zweiten.

Wenn Ihr die fehlenden Buchstaben richtig einsetzt und sie in der Reihenfolge ihrer Numerierung zusammenhängend lest, ergibt sich ein Gegenstand, den Ihr in Augennähe habt. Was könnte das sein?

Wörtlich Genommenes

Wer nicht zum Friseur geht, kommt ungeschoren davon.

Ein Kritiker, der den Künstler jahrelang verunglimpft hatte, bereute dieses und verglimpfte ihn in Zukunft.

Wer zu viel Aufhebens von seinen Reden macht, darf kein Wort mehr fallen lassen.

Wer zu oft das Wort ergreift, darf sich nicht wundern, wenn er nur noch über abgegriffene Worte verfügt.

Wo gibt es noch Zäune, von denen kein Streit gebrochen wurde?

Aus Romanen:

Der Alte zog seinen Uhrenkel liebevoll auf; dennoch blieb dieser häufig stehen.

Der Sohn des Artisten übte täglich Handstand, denn er wollte in die Fußstapfen seines Vaters treten.

Als Al Capone den Laden betrat, wußte der Inhaber, daß es um Kopf und Kragen ging. Deshalb legte er ihm Hüte und Hemden auf den Tisch.

Er neigte nicht zum Selbstmord, da er lebensunterdrüssig war.

Frage: Wo werden die Berge versteigert, die der Glaube versetzt hat?

Als sie ihm einen Korb gegeben hatte, glaubte er, sich etwas herausnehmen zu dürfen.

Aus dem Zuchthaus entlassen, geriet er auf die gerade Bahn und wurde Schrankenwärter.

Ein perfekter Zahlkellner muß imstande sein, die Rechnung ohne den Wirt zu machen.

Revolution ist, wenn die Beherrschten die Beherrschung verlieren.

Der Direktor des Privattheaters lief dem Staatstheater den Rang und das Parkett ab.

Warum sagt man von einem Toten, er sei verschieden, da doch der Tod angeblich alle gleich macht?

Geometrisches: Die Sterblichkeit unter den Punkten ist kolossal. Schon wieder ist eine Verhandlung an einem toten Punkt angelangt.

Merkwürdiges: Mancher, der aussieht, als ob er nicht bis 3 zählen könnte, bemüht sich um einen gehobenen Posten im Rechnungshof, damit er ein Mann ist, mit dem man rechnen muß.

Seltsamerweise kommen manche nur dann vorwärts, wenn sie sich in gewissen Kreisen bewegen.

Der Tierschutzverein protestiert gegen die immer häufigere Verwendung von Zebrastreifen.

Der Schlangenbaum

Du mußt zu jedem Schlangenkopf (Zahl) das richtige Schwanzende (Buchstabe) finden. Dann nennen dir die Buchstaben in der Reihenfolge von 1 bis 10 eine giftige Schlange.

Fragen und Antworten

Teekesseln

Teilnehmerzahl: Beliebig

Ein „Teekessel“ ist ein Wort, das zwei verschiedene Bedeutungen haben kann; z. B. Schimmel, Steuer, Kiefer, Golf, Tau usw.
Zwei Spieler gehen hinaus und einigen sich auf ein geeignetes Wort, z. B. auf Golf. Der eine meint das Spiel, der andere einen Meeresgolf. Beide unterhalten sich nun vor den Zuhörern. Diese müssen raten, dürfen aber keine Fragen stellen. So kann z. B. der eine sagen: „Mein Teekessel erfordert Geschicklichkeit.“ Der andere: „Mein Teekessel erzeugt einen Strom.“ Der erste: „Mein Teekessel benötigt Menschenkraft“ usw. Zuhörer, die das Wort erraten haben, dürfen nun auch mitbeschreiben, bis allen ein Licht aufgegangen ist.

Mufti

Teilnehmerzahl: Beliebig

Bei diesem Spiel stellt ein Mitspieler an die anderen Fragen, die diese durch entsprechende Gebärden zu beantworten haben, welche ihrerseits von dem Frager – jetzt aber in Worten – gedeutet werden. Fragen, die durch einfaches „Ja“ oder „Nein“ zu beantworten sind, dürfen nicht gestellt werden. Auch darf auf eine Frage nicht durch Hochziehen der Schultern, das heißt mit „ich weiß es nicht“, geantwortet werden. Es dürfen aber auch keine Fragen, die beim besten Willen nicht durch Gebärden zu beantworten sind, wie zum Beispiel nach dem Namen eines Gefragten, gestellt werden. Bei diesem Spiel erfordert also nicht nur die Beantwortung, sondern noch viel mehr die Stellung der Frage eine gewisse Anforderung an die Geschicklichkeit der Spielenden. Wer eine Frage stellt, die er selbst nicht durch eine klare Gebärde beantworten kann, zahlt ein Pfand. Hier einige Beispiele. Frage: „Welches ist das größte Unglück?“ Der Gefragte zeigt einen leeren Geldbeutel – als Zeichen der Armut – vor. Frage: „Wo waren Sie in Ihren Ferien?“ Antwort: Der Gefragte mimt einen Torero, das bedeutet, er war in Spanien.

Telefonanruf

Teilnehmerzahl: Beliebig

Zwei Personen verlassen den Raum und planen ein Telefongespräch zwischen zwei bekannten Persönlichkeiten. Dann betreten sie den Raum wieder und „telefonieren“ dort miteinander, ohne die Namen der Persönlichkeiten zu erwähnen, die sie darstellen. Die übrigen Personen müssen erraten, wer mit wem telefoniert.

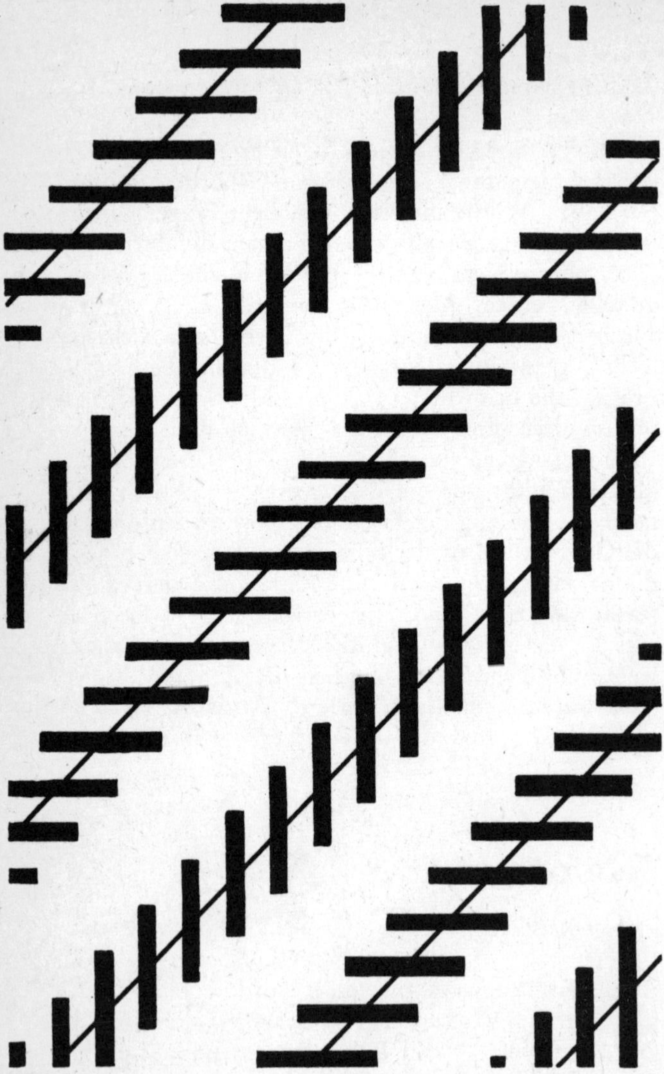

Laufen die schrägen Geraden parallel nach rechts oben?

Ich wette, daß du ein Stück Papier nicht öfter als neunmal in der Mitte aufeinanderfalten kannst!

Aufgabe: Du brauchst ein Stück Papier nur öfter als neunmal in der Mitte aufeinanderzufalten. Es ist gleichgültig, welches Papier du nimmst, wie groß oder wie dick es ist. Falte es immer ganz genau in der Mitte aufeinander. Die Knicke können längs, quer oder diagonal verlaufen. Versuch's doch mal!

Trick: Bei jedem Falten erhöht sich die Zahl der Papierlagen, und zwar nach einer bestimmten Gesetzmäßigkeit. Es beginnt mit zwei Lagen, dann vier, dann acht, dann sechzehn und so weiter. In der Mathematik nennt man dies eine geometrische Reihe. Beim siebten Faltvorgang hast du hundertachtundzwanzig Lagen zu bewältigen. Das ist, als wolltest du ein Buch zusammenlegen. Mehr als neun Faltvorgänge sind deshalb völlig ausgeschlossen.

Sonne, Mond und Sterne

Kosmische Größenverhältnisse und ihre Zahlen wirst du kaum wissen, aber schätzen kannst du sie. Von den jeweils vier Antworten ist eine richtig.

Die Sonne ist annähernd so groß wie
10 000 Erdkugeln
100 000 Erdkugeln
1 Million Erdkugeln
10 Millionen Erdkugeln

Auf der Sonnenoberfläche herrscht eine Temperatur von
5 700 Grad
10 700 Grad
15 700 Grad
20 700 Grad

Der Mond hat einen Durchmesser von
1 222 Kilometer
2 060 Kilometer
3 476 Kilometer
5 300 Kilometer

Der Planet Venus ist größer als
der Uranus
der Mars
der Neptun
die Erde

Ein Lichtjahr ist die Entfernung Erde – Mond etwa
mal 246 000
mal 2,46 Millionen
mal 24,60 Millionen
mal 246,00 Millionen

Unsere Milchstraße ist ein Sternenhäufung mit einem Längsdurchmesser von etwa

100 Lichtjahren
1 000 Lichtjahren
10 000 Lichtjahren
100 000 Lichtjahren

Welcher Name ist richtig?

Die Einwohner von Monaco heißen
Monegassen
Monacosen
Monacoer

Die Bewohner von Andorra heißen
Andorraner
Katalanen
Kalabreser

Auf Madagaskar heißen die Bewohner
Madagasken
Madegaskaner
Madegassen

In Guatemala heißen die Bewohner
Guatemalteken
Guatemalataner
Guatemalesen

Die Bewohner von San Marino heißen
Sanmarinokaner
Sanmarinesen
Sanmarinoaner

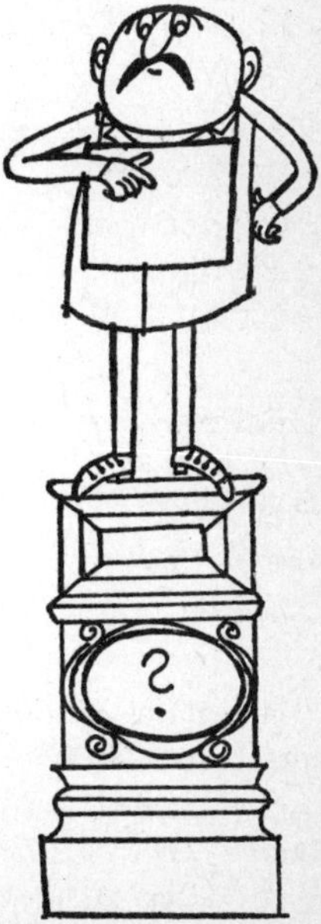

Monatsnamen

für Fröhliche

Jaguar
Feenhaar
Herz
Gabriel
Ei
Maroni
Ulk
Kuß
Seemöwe
Ofenrohr
Norweger
Debreziner

für Trübselige

Jammer
Fieber
Schmerz
Drill
Hai
Ruinen
Pfui
Angst
Seeräuber
Otter
Nordwind
Dorschlebertran

Und was ist das?

Mondkalb
Dünndarm
Mistwolke
Dottersack
Eiklar
Satan
Sofa

Luselgried

Wenn die Matzen kiauen
und die Bunde hellen
vitschern die Zwögel

wenn das Lelefon täutet
und die Hange sich schläutet
uten die Blegel . . .

Dritte Runde

Wie kann man auf fünf Gäste fünf Eier so verteilen, daß ein Ei in der Schüssel bleibt?

Warum sind Glatzköpfige friedliche Leute?

Warum währt Ehrlichkeit am längsten?

5xR

Wie nennt man einen Schanktisch für streitbare junge Leute?

Wer fischt besser: Sachsen oder Engländer?

Warum studieren so viele Theologen in Erlangen?

57

Denken ODER: WAS HÄLTST DU VON RÜHREI?

Hier ist noch so'ne Frage, die zuerst wie ein Trick klingt. Aber dann merkst du: Hier geht es um die echte Anwendung des logischen Denkens!

Welche Tiere sind die größten?

Es sind Tierarten, die es heute noch gibt – keine ausgestorbenen Riesentiere aus der Vorzeit. Ihre Namen ergeben sich aus den Silben und Wörtern nebenan. Sie kommen – nach den Nummern der Fragen geordnet – in die leeren Zeilen und stehen dort in alphabetischer Reihenfolge untereinander, wenn alle Fragen richtig beantwortet sind.

1	13 ....
2	14 ....
3	15 ....
4	16 ....
5	17 ....
6	18 ....
7	19 ....
8	20 ....
9	21 ....
10	22 ....
11	23 ....
12	24 ....

Vierundzwanzig Fragen für Tier-Spezialisten

a – a – a – ak – an – ath – bär – be – bi – blau – blau – bra – da – der – di – do – e – e – e – elch – fant – fant – fe – fraß – fri – frosch - ger – gi – go – go – gu – hai – hya – hu – in – ka – kai – ko – ko – ko – kö – kolk – kon – krö – la – le – le – le – len – li – lo – mo – na – netz – ni – nigs – pe – pin – py – ra – ra – raf – ran – rauh – ri – ril – scher – scher – schild – schwein – ser – ser – see – si – strauß – te – thon – ti – ti – u – viel – wa – wal – wal – was – zinth

1. Wie heißt das größte und schwerste Landtier?
2. Wie heißt die größte der ungiftigen Boaschlangen?
3. Wie heißt das größte Säugetier?
4. Wie heißt das größte aller Tiere überhaupt?
5. Wie heißt der größte Hirsch?
6. Wie heißt die größte Antilope?
7. Welches Tier kann den Kopf am höchsten tragen?
8. Wie heißt der größte Frosch?
9. Wie heißt der größte und stärkste Menschenaffe?
10. Wie heißt der größte Papagei?
11. Wie heißt der größte Pinguin?
12. Wie heißt das größte und stärkste Landraubtier?
13. Wie heißt die längste der Giftnattern?
14. Wie heißt der größte Singvogel Europas?
15. Wie heißt die größte Echse?
16. Wie heißt die größte aller Schildkröten?
17. Wie heißt die längste – bisher bekannte – Schlange?
18. Wie heißt der größte von allen Fischen?
19. Wie heißt die größte der Robben?
20. Wie heißt die größte Raubkatze?
21. Wie heißt der größte Vogel?
22. Wie heißt die größte Eule?
23. Wie heißt der größte landbewohnende Marder?
24. Wie heißt das größte Nagetier?

Im Grunde ganz einfach zu le(ö)sen:

8 komm 9!

(Komm zwischen acht und neun!)

r hat e lassen Botschaft

(Er hat eine Botschaft hinterlassen,
er-hat-ein-e-Botschaft-hinter-lassen)

Bitte Redung
um

(Bitte um Unterredung,
Bitte-um-unter-Redung)

d1' schied + m1'
der

(Der Unterschied zwischen dein und mein,
der-unter-schied-zwischen-d-ein-und-m-ein)

denkliche e Tt

(Eine nachdenkliche Tante,
ein-e-nach-denkliche-T-an-te)

1keit

(Einsamkeit, eins-am-keit)

Kind was nimmst
leg du

(Kind überleg, was du unternimmst!
Kind-über-leg-was-du-unter-nimmst!)

TttttTTtTtttTTttttTTTtttt

(Teegesellschaft)

wwC

(Kleines Wehweh am großen Zeh, kleines-we-we-am-großen-Ce)

Wc

(Großes Weh am kleinen Zeh, Großes-We-am-kleinen-Ce)

K
mann

(Kaufmann, K-auf-mann)

tel tel tel tel
tel tel tel tel

(Achtel, acht-tel)

e
ee
eee
eeee
putzen

(Zähneputzen, zehn-e-putzen)

eeeeeeee
GGGGG

(Achte auf Gefahren, Acht-e-auf-Ge-fahren)

br
br br
br bär br
br br
br

(Brummbär, br-um-bär)

Mosaik-Quadrate

Hast du Lust, dir diese Formen aus Papier auszuschneiden und damit kleine Spielchen zu machen? – Probieren geht über Frustrieren!

(A) Hier sind 5 Dreiecke abzupausen, auszuschneiden und zu einem Quadrat zu legen.

(B) Auch aus diesen 4 rechtwinkligen Dreiecken und dem kleinen Quadrat kannst du - mit etwas Geduld - ein Quadrat legen.

(C) Das letzte Spielchen ist nicht das leichteste. Diesmal sind es 8 Teile, die am Ende ein ganz normales Quadrat ergeben.

64

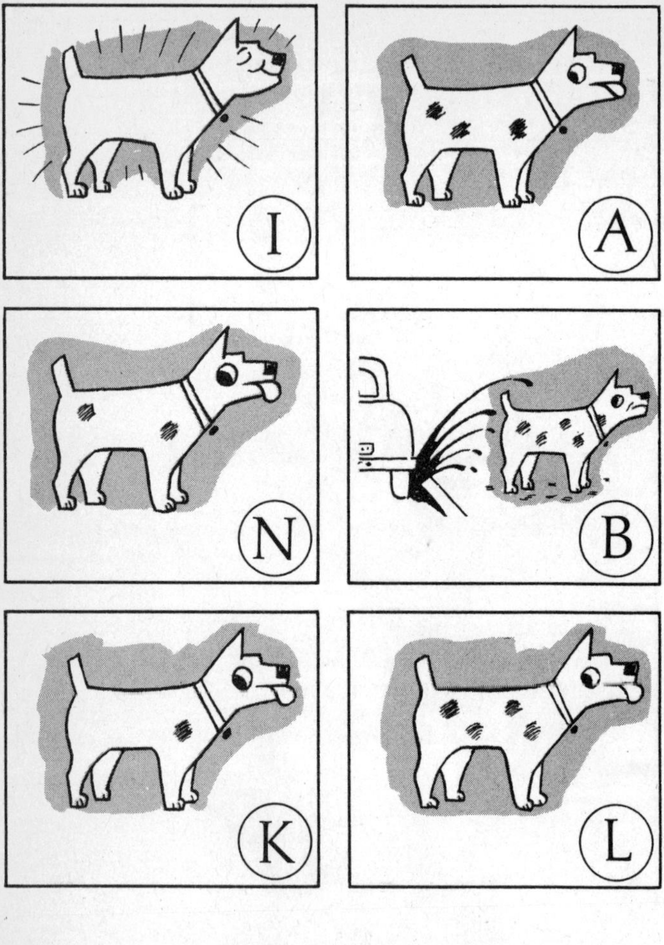

Pitsch-patsch

Eine Pfütze, ein Auto und – pitsch-patsch! – steht der schneeweiße Hund als Fleckerlhund da. Wer genau verfolgt, wie er wieder sauber wird – Fleck um Fleck –, und die Buchstaben zugleich mitliest, erfährt den Namen des Hundes. Wie heißt er?

65

Verknödelte* Sprichwörter

* manche Leute sagen zu Knödeln: Klöße. Andere sagen zu Klößen: Knödel

Wer andern einen Knödel kocht, beißt selbst hinein.
Wer im Glashaus sitzt, soll nicht mit Knödeln werfen.
Morgenstund hat Knödel im Mund.
Knödel am Abend, erfrischend und labend.
Übung macht den Knödel.
Das schlägt dem Knödel den Boden aus.
Man soll sein Licht nicht unter den Knödel stellen.
Man soll den Tag nicht vor dem Knödel loben.
Eile mit Knödel.
Bellende Knödel beißen nicht.
Wer den Groschen nicht ehrt, ist den Knödel nicht wert.
Müßiggang ist aller Knödel Anfang.
Wo Knödel sind, rollen Knödel zu.
Selbst ein Knödel krümmt sich, wenn er getreten wird.
Aller guten Knödel sind drei.
Wie man sich knödelt, so liegt man.
Es knödle, wem Gesang gegeben.
Der Knödel fällt nicht weit vom Pferd.
Früh übt sich, was ein Knödel werden will.
Ein guter Knödel ist ein sanftes Ruhekissen.
Jeder ist seines Knödels Schmied.
Arbeit macht den Knödel süß.
Ein Knödel wäscht den anderen.
Knödel haben kurze Beine.
Knödeln und knödeln lassen.
Ein Knödel kommt selten allein.

Höflichkeit ist eine Zier...

In der Straßenbahn sitzt ein kleiner Junge und zieht dauernd durch die Nase hoch. Eine Dame entrüstet: „Junge, hast du kein Taschentuch?“
Der Junge betrachtet sie mißtrauisch: „Schon, aber ich verborg's nicht!“

„Möchtest du nicht aufstehen?“ fragt eine ältere Dame Kurt im Bus. Kurt treuherzig: „Wissen Sie, den Trick kenn ich. Dann setzen Sie sich hin, und mein Platz ist weg!“

Die Straßenbahn ist überfüllt. Ein älterer Herr tippt einem sitzenden Jungen auf die Schulter: „Darf ich dir meinen Stehplatz anbieten?“

Bauer zu seinem Nachbarn: „Wie kommt es nur, daß die Kuh immer noch nicht kalbt? Ich schlafe schon jede Nacht im Stall, weil es längst soweit sein müßte.“
„Tja“, meint der Nachbar, „wenn sie dich so liegen sieht, meint sie wahrscheinlich, sie hätte schon gekalbt.“

Frau Blume zur Nachbarin: „Wir werden bald in einer schöneren Gegend wohnen."
Frau Kneipp: „Und wir in einer ruhigeren."
Frau Blume: „Ja ziehen Sie denn auch um?"
Frau Kneipp: „Nein, WIR bleiben!"

Beim Antiquitätenhändler. Tante Eusebia schaut sich alles an und zeigt dann an die Wand: „Dieses häßliche Porträt dort ist von einem ziemlich unbegabten Maler."
Antiquitätenhändler: „Das ist kein Porträt, gnädige Frau. Das ist ein Spiegel."

Große Gala im Stadttheater. Karolin kommt nach der Pause wieder in den Saal und fragt einen Herrn: „Habe ich Ihnen vorhin beim Rausgehen auf die Zehen getreten?"
„Ja", bestätigt der, „aber es war nicht so schlimm."
„Ich wollte auch nur wissen, ob das hier meine Reihe ist . . ."

„Wissen Sie, wo es hier zum Bahnhof geht?"
„Nein."
„Also passen Sie auf: Sie gehen hier geradeaus, dann zweite Straße links und dann . . ."

Paulchen läuft schluchzend zur Mutter: „Papi hat sich mit dem Hammer auf den Finger gehauen."
„Deshalb mußt du doch nicht weinen", tröstet ihn die Mutter.
„Erst habe ich ja auch gelacht."

42 Köpfe schauen nach links

Hier hat ein Künstler von 40 Leuten Scherenschnitte gemacht. Dabei sind 42 Köpfe entstanden. Er hat nämlich einen Kopf 3 × geschnitten. Kannst du ihn 3 × entdecken?

Vier Vorschläge für Geheimschriften

1. Man versetzt die Selbstlaute a, e, i, o, u um eine Stelle.
2. Man versetzt die Selbstlaute a, e, i, o, u um zwei Stellen.
3. Man versetzt die Selbstlaute a, e, i, o, u um drei Stellen.
4. Man versetzt die Selbstlaute a, e, i, o, u um vier Stellen.

Schema:

	a	e	i	o	u	a	e	i	o	u
1.		a	e	i	o	u				
2.			a	e	i	o	u			
3.				a	e	i	o	u		
4.					a	e	i	o	u	

Du kannst dich für eine dieser Arten entscheiden oder alle vier abwechselnd verwenden.
Bei ä, ö und ü schreibst du den entsprechenden Selbstlaut und setzt ¨ darauf.
Langes ie = i. Das e wird weggelassen, weil es überflüssig ist.

Beispiele:

	1.	2.	3.	4.
Montag	Mintug	Mentog	Mantig	Munteg
Dienstag	Denstug	Danstog	Dunstig	Donsteg
Mittwoch	Mettwich	Mattwech	Muttwach	Mottwuch
Donnerstag	Dinnarstug	Dennurstog	Dannorstig	Dunnirsteg
Freitag	Fraetug	Fruatog	Froutig	Frioteg
Samstag	Sumstug	Somstog	Simstig	Semsteg
Sonntag	Sinntug	Senntog	Sanntig	Sunnteg

Wenn du willst, kannst du auch die Großschreibung weglassen:
„Kleine Buben klettern manches Mal auf einen hohen Baum“, heißt:

1. klaena boban klattarn munchas mul uof aenan hihan buom.
2. kluanu bibun klutturn monchus mol oif uanun hehun boim.
3. klouno bebon klottorn minchos mil ief uonon hahon biem.
4. klioni babin klittirn menchis mel eaf ionin huhin beam.

Was heißt das?

1. drimadur ond trumpalter
   send kumala, mark as der.
2. dremudor ind trompultar
   sand komulu, murk us dar.
3. dramodir end trimpoltur
   sund kimolo, mork os dur.
4. drumider and trempiltor
   sond kemili, mirk is dor.

Noch ein Vorschlag

(kann bei einiger Übung auch als Geheimsprache verwendet werden).

Die Vokale werden ersetzt wie folgt:
a = asa
e = emba
i = illo
o = oku
u = umba
(Großschreibung fällt weg; bei Zusammenstoßen von zwei Selbstlauten wird ein Bindestrich gesetzt)
Deshalb heißt diese Geheimsprache, die asa-emba-illo-oku-umba-sprache.

Proben:

lümbagemban hasabemban kumbarzemba bemba-illonemba,
rembagembanwümbarmembar asabembar kemba-illonemba.
(Lügen haben kurze Beine, Regenwürmer aber keine.)

mokurgembanstumband hasat gokuld illom mumband,
emba-illoneman knokuchemban umbansembar humband.
(Morgenstund hat Gold im Mund, einen Knochen unser Hund.)

Noch eine Geheimschrift

Peter hat in der Schularbeit einen Fünfer erwischt. Darauf hat seine Mutter ihm seinen Stabil-Baukasten weggenommen und versteckt. Sie sagt, er soll lieber lernen statt spielen. Peter findet das dumm, denn nun hat er erst recht keine Zeit zum Lernen, weil er die ganze Zeit mit Suchen verbringt. Da findet er einen Brief seiner größeren Schwester auf dem Tisch:

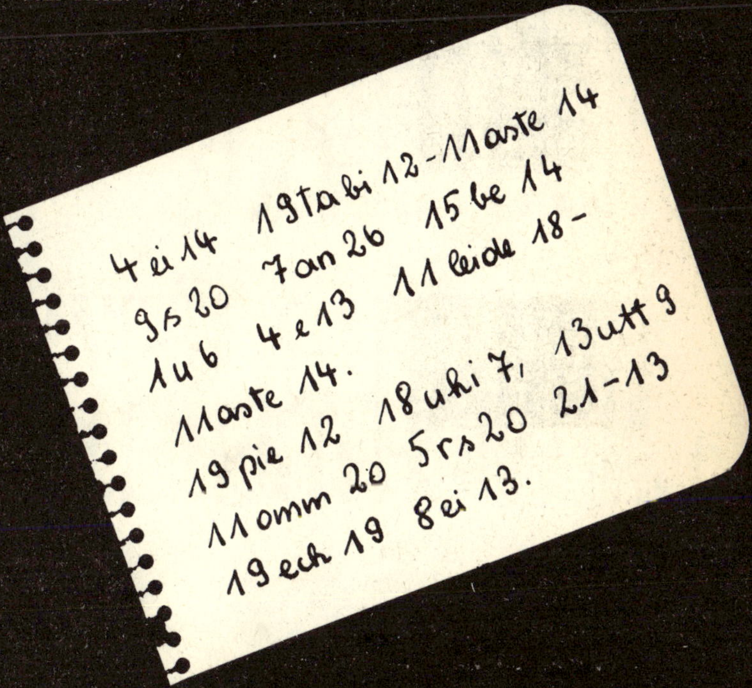

Was nur die Zahlen bedeuten. Sollten sie etwas mit dem numerierten Alphabet zu tun haben?

Geheimsprachen haben es leider an sich, daß man ihnen nach kurzer Zeit draufkommt. Denkt euch bitte selber welche aus, es ist nicht so schwer, wie es scheint.

DOOFMITKNALL

DASISTEINJOX

ONDNICHTGEHEIM

In diesen drei Zeilen steht eine Botschaft für Dich. Du kannst sie sofort entschlüsseln. Nur mit Deinen Augen, ohne Geheimschlüssel, ohne Hilfsmittel. Du brauchst das Buch nicht zu drehen, auch nicht zu schütteln.

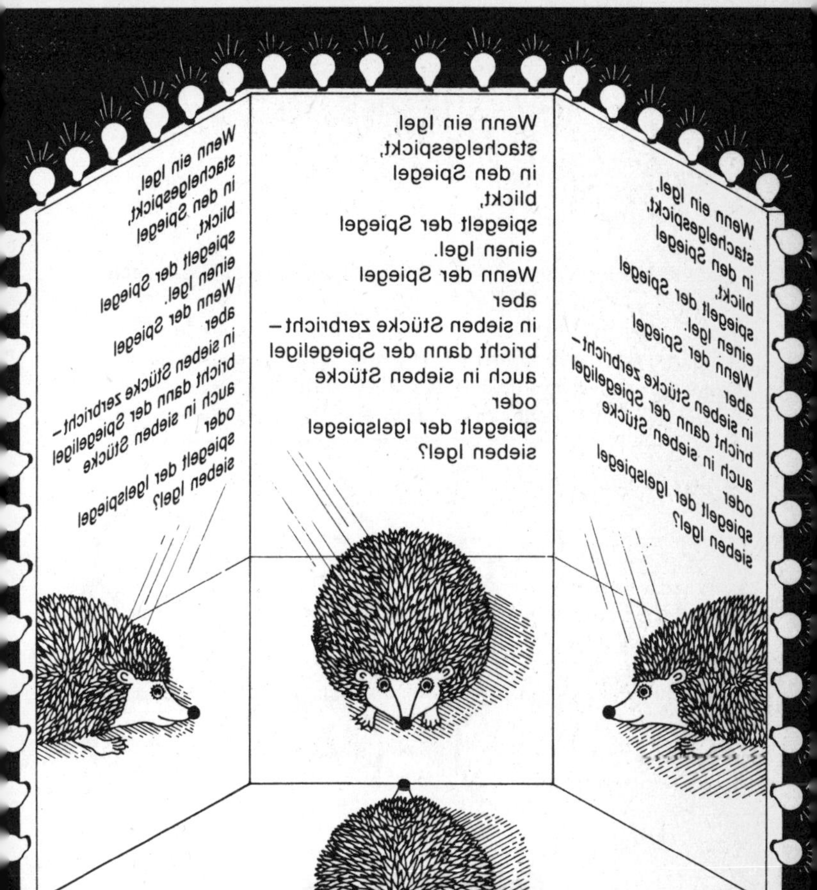

(Mit dem Spiegel zu lesen)

Wie heißt der Hase mit Vornamen?

Gleich erfährst Du es, wenn Du mit dem Familiennamen des Tieres in den ersten Punkt hüpfst und einen Buchstaben seines Namens gegen den neuen im Punkt vertauschst, so daß ein neues sinnvolles Hauptwort entsteht. Verfahre so von Punkt zu Punkt in der Pfeilrichtung. Mit dem letzten Hüpfer erfährst Du den Vornamen des Hasen – wie heißt er?

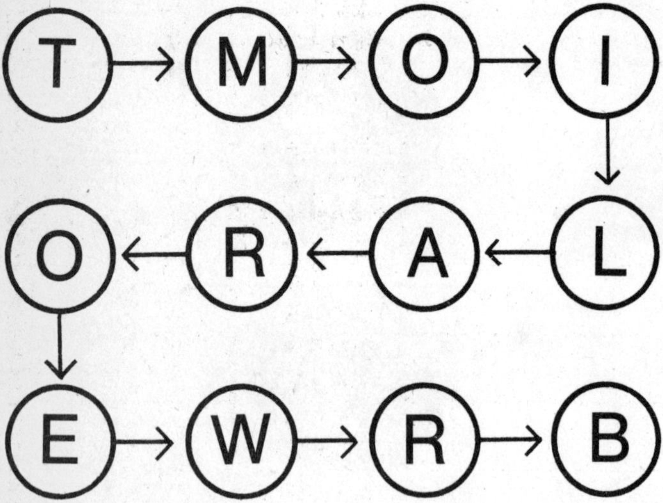

Lustige Rechnung

Wieviel gibt das zusammen? Vier pflichtbewußte Polizisten, fünf stumpfe Rasiermesser, drei Bruchstriche, ein Dentist, ein Hase.

Einfache Kaskade: Ostergeschichte

Als der OsterHASE alle Eier versteckt hatte, war er hungrig auf KOHL. Als er sich am KOHL gütlich getan hatte, hoppelte er in den WALD. Hier im WALD, wo HANS an seinem NEST auf ihn wartete, um sich für die Ostereier zu bedanken, die er ihm gebracht hatte, legte sich der Hase schlafen. Vom NEST lief HANS nach HAUS, um zu HAUS sein AbendBROT zu essen.

Bei der Kaskade oder Wortleiter wird von Zeile zu Zeile ein Buchstabe im Ausgangswort durch einen neuen Buchstaben ausgetauscht, bis sich am Schluß ein völlig neues Wort mit neuen Buchstaben ergibt. So wird GOLD – G**E**LD – **H**ELD – HEL**L** – HE**I**L verwandelt!

H	A	S	E	W	A	L	D	N	E	S	T
K	O	H	L	H	A	N	S	H	A	U	S
W	A	L	D	N	E	S	T	B	R	O	T

76

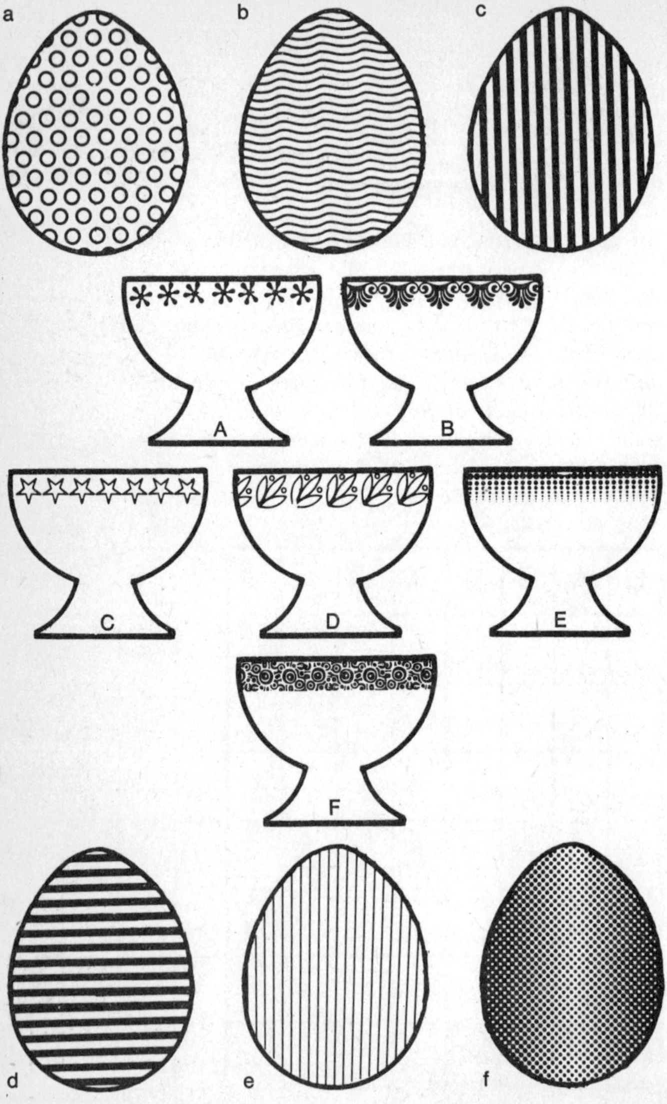

Welches Osterei paßt in welchen Eierbecher?

Ich wette, daß du mir ein rohes nicht für ein hartgekochtes Ei verkaufen kannst!

Aufgabe: Bist du ein Eier-Fachmann? Laß dir ein rohes und ein hartgekochtes Ei geben. Kannst du beide Eier voneinander unterscheiden, wenn du sie auf einer Tischplatte kreiseln läßt?

Trick: Beide Eier drehen sich verschiedenartig: Das hartgekochte Ei dreht sich schneller und länger, weil es ein massiver Körper ist. Das rohe Ei dreht sich schwerfälliger und kürzer, weil das schwere Eidotter im Eiweiß zu schlingern beginnt (Zentrifugalkraft!) und so die Drehbewegung abbremst. Die Flüssigkeit im rohen Ei erfordert mehr Kraft, um in Bewegung zu kommen. Zwischen der Schaleninnenseite und der Oberfläche der Flüssigkeit entsteht ein Zug nach außen, der die Bewegung bremst und zum Stillstand bringt.

Städtetoto West-Ost

Welche der Städte innerhalb der Zweiergruppen liegt westlicher? Ist es deiner Meinung nach die erstgenannte, dann schreibst du eine Eins hin, soll es die zweite sein, dann trägst du eine Zwei ein. Wenn du meinst, daß beide Städte auf demselben Längengrad liegen, dann setzt du eine Null ein.

1. Wetzlar – Tübingen ...
2. Hamburg – Stuttgart ...
3. Dortmund – Köln ...
4. Bremen – Frankfurt/Main ...
5. Braunschweig – München ...
6. Lübeck – Nürnberg ...
7. Würzburg – Ulm ...
8. Hannover – Heidelberg ...
9. Osnabrück – Wiesbaden ...
10. Berlin – Passau ...
11. Bayreuth – Regensburg ...
12. Koblenz – Baden-Baden ...

Pflanzliche Familienkunde

In jeder der folgenden Gruppen ist jeweils eine Behauptung falsch.

Zu den Rosengewächsen gehören

Eberesche	Mandelbaum	Seerose
Apfelbaum	Kirsche	Himbeere

Liliengewächse sind

Herbstzeitlose	Lauch	Aloe
Krokus	Tulpe	Spargel

Zur Familie der Lippenblütler zählen

Taubnessel	Lavendel	Thymian
Rosmarin	Salbei	Knabenkraut

Heidekrautgewächse sind

Vogelbeere	Heidelbeere	Alpenrose
Preiselbeere	Azalee	Erika

Scherzhaft gefragt

1. Ein Kartoffelhändler ist 53 Jahre alt, 170 Zentimeter groß, dabei dick und rund. Was wird er wohl wiegen?

2. Wer antwortet in allen Sprachen der Welt, ohne je eine davon gelernt zu haben?

3. Welcher Peter macht den meisten Lärm?

4. Hans träumt, seine beiden Freunde seien von der Brücke ins Wasser gefallen. Beide zugleich kann er nicht retten, was soll er tun?

5. Jeder Kaufmann ist froh, wenn er seine Waren gut absetzt, denn dann verdient er auch viel. Nur einen Berufsstand gibt es, der geradezu vom schlechten Absatz lebt. Was sind das für Leute?

6. Es gibt ein Laub, das jeder liebt, und doch wächst es nirgendwo. Wenn man es erst hat, wird es von Tag zu Tag kleiner.

Vierte Runde

Quiz von A-Z • Tiere und Tiernamen, die nicht jeder kennt

Wer mehr als die Hälfte dieser Quizfragen von A bis Z richtig beantworten kann, kennt sich schon ziemlich gut in der Tierwelt aus; denn hier geht es um Tiernamen, die nicht überall bekannt sind. Einige dieser Namen gehören zu seltenen Tieren, die kaum in unsere Zoos gelangen, und die bisher nur wenigen Forschern vor die Kameralinsen gekommen sind. Die übrigen Bezeichnungen gehören zu Tieren, die zwar bekannt sind – aber unter anderen Namen. Viele der fremdartig klingenden Namen kommen aus den Herkunftsländern der Tiere: Sie stammen aus der Sprache der Eingeborenen, die solche Namen nach den Tierstimmen prägen oder nach anderen auffallenden Merkmalen der wilden Tiere. – Für jede der folgenden Quizfragen stehen zwei Antworten zur Auswahl. Welche von beiden ist die richtige?

Was ist ein Abu Markub?
a) afrikanischer Storchvogel aus den Sumpfgebieten am Weißen Nil
b) Arbeitselefant aus Hinterindien

Was ist eine Aga?
a) Riesenkröte aus den Regenwäldern von Südamerika
b) tropische Baumeidechse aus Afrika

Was ist ein Aguti?
a) Wildschaf aus dem Hochland von Innerasien
b) meerschweinchenartiges Nagetier

Was ist ein Ai?
a) Halbaffe aus den Bambuswäldern der Insel Madagaskar
b) Dreifingerfaultier aus Südamerika

Was ist ein Alpaka?	a) als Nutztier gehaltenes Lama aus Südamerika b) Rentier mit weißem Fell
Was ist ein Arakanga?	a) seltenes Baumkänguruh aus Neuguinea b) farbenprächtiger, südamerikanischer Urwaldpapagei
Was ist ein Arapaima?	a) sehr großer Süßwasserfisch aus südamerikanischen Gewässern b) großer Edelpapagei aus Brasilien
Was ist ein Aye-Aye?	a) Faultier aus den Urwäldern von Süd- und Mittelamerika b) Fingertier von der Insel Madagaskar
Was ist ein Baribal?	a) Schwarzbär aus dem westlichen Teil von Nordamerika b) indisches Schnabelkrokodil
Was ist ein Barrakuda?	a) gefährlicher, räuberischer Meeresfisch mit messerscharfen Zähnen b) Zwergtaucher aus afrikanischen Seen
Was ist ein Baumtiger?	a) auch Nebelparder genannte Raubkatze aus Südostasien b) Zwergtiger aus den Wäldern von Bali
Was ist ein Bonobo?	a) seltener Zwergschimpanse aus dem südlichen Kongo-Gebiet b) seltene Urwaldantilope aus Innerafrika
Was ist eine Buschkatze?	a) auch Serval genannte Raubkatze der afrikanischen Savanne b) kleine Schleichkatze aus Mexiko
Was ist ein Buschmeister?	a) große und sehr gefährliche Giftschlange aus Mittelamerika b) Hyänenhund aus der Steppe Afrikas

▶ Fortsetzung

▶ *Tierquiz von A–Z*

Was ist ein Capybara?
a) großes, auch Wasserschwein genanntes Nagetier aus Südamerika
b) kleiner Urwaldaffe aus Brasilien

Was ist ein Cuandu?
a) baumbewohnendes, stachelschweinartiges Nagetier aus Amerika
b) Laufvogel aus der Pampa Südamerikas

Was ist ein Dugong?
a) Seekuh, ein großes, pflanzenfressendes Meeressäugetier
b) in Australien lebender Wildhund

Was ist ein Drusenkopf?
a) große, pflanzenfressende Echse von den Galapagos-Inseln
b) Riesenfrosch aus Westafrika

Was ist ein Durukuli?
a) Lasttier aus den Hochgebirgsländern von Innerasien
b) Nachtaffe aus den Tropen Amerikas

Was ist ein Eierdieb?
a) Teju genannte Schienenechse aus Südamerika.
b) kleiner europäischer Baummarder

Was ist ein Erdferkel?
a) von Ameisen und Termiten lebendes Säugetier aus Afrika
b) in Erdhöhlen lebendes Wildschwein

Was ist ein Fennek?
a) zierlicher afrikanischer Zwergfuchs mit auffallend großen Ohren
b) kleine Schleichkatze aus Ostasien

Was ist eine Flaschennase?
a) Meeressäugetier aus der Familie der Delphine
b) Nasenaffe von der Insel Borneo

Was ist ein Goldhase?
a) afrikanische Wüstenspringmaus
b) auch Aguti genanntes, scheues Nagetier aus den Wäldern Südamerikas

Was ist ein Grison?	a) Indianerbüffel aus der nordamerikanischen Prärie b) südamerikanische Marderart
Was ist ein Guanako?	a) wildlebendes Lama aus dem Andengebirge in Südamerika b) afrikanischer Graupapagei
Was ist eine Harpyie?	a) großer Raubvogel aus den Urwäldern von Süd- und Mittelamerika b) große Giftschlange aus Australien
Was ist eine Himmelsziege?	a) Wildziege aus dem Himalaja b) Sumpfschnepfe aus europäischen Moor- und Sumpfgebieten
Was ist eine Hufeisennase?	a) Süßwasserfisch der europäischen Binnengewässer b) einheimische Fledermausart
Was ist ein Impala?	a) Jagdleopard aus den Steppengebieten Afrikas und Vorderasiens b) afrikanische Schwarzfersenantilope
Was ist ein Irbis?	a) seltener Schneeleopard aus Innerasiens Hochgebirgen b) Schreitvogel mit Sichelschnabel
Was ist ein Jägerliest?	a) großer Eisvogel aus den Wäldern von Australien und Neuguinea b) Fährtenhund mit Spezialausbildung
Was ist ein Järv?	a) ausgestorbener kanadischer Riesenhirsch b) großer nordischer Raubmarder
Was ist ein Jaguarundi?	a) schlanke, geschmeidige Wieselkatze aus Amerika b) einjähriges Jungtier des Jaguars

▶ *Fortsetzung*

▶ *Tierquiz von A–Z*

Was ist ein Karakal?	a) Wüstenluchs aus den Steppen Afrikas, Vorderasiens und Indiens b) giftige Spinne aus Südosteuropa
Was ist ein Karibu?	a) gefürchteter Raubfisch aus der Karibischen See b) wildlebendes Rentier aus Amerika
Was ist ein Katta?	a) langschwänziger Halbaffe von der Insel Madagaskar b) indische Prachtdrossel
Was ist ein Kea?	a) ausgestorbener riesenhafter Laufvogel aus Neuseeland b) olivgrüner Nestorpapagei
Was ist ein Kinkaju?	a) Wickelbär aus den Urwäldern von Mittel- und Südamerika b) große tropische Eidechse
Was ist ein Kookaburra?	a) sehr giftige Baumschlange aus Neuseeland b) der „Lachvogel" Australiens
Was ist ein Lar?	a) Weißhandgibbon aus den Wäldern von Malakka und Sumatra b) Gespenstaffe aus Westafrika
Was ist ein Maiba?	a) gefürchtete, sehr angriffslustige Giftnatter aus Afrika b) Schabrackentapir aus Südostasien
Was ist ein Moa?	a) ausgestorbener großer Laufvogel, der auf Neuseeland gelebt hat b) ungiftige tropische Riesenschlange
Was ist ein Nimmersatt?	a) Storchvogel, der in Afrika, Indien und Südostasien vorkommt b) Vielfraß, ein nordischer Marder

Was ist ein Onager?	a) sehr seltener Halbesel aus den Steppengebieten Persiens b) Antilope aus Vorderindien
Was ist ein Pangolin?	a) mit Hornschuppen gepanzertes, von Ameisen lebendes Säugetier b) südamerikanischer Panzerwels
Was ist ein Pekari?	a) sehr seltenes südamerikanisches Nagetier b) Nabelschwein aus Amerika
Was ist ein Pfefferfresser?	a) Tukan aus den Tropenwäldern Süd- und Mittelamerikas b) Nashornvogel aus Südostasien
Was ist ein Quagga?	a) südafrikanisches Steppenzebra, das seit 100 Jahren ausgestorben ist b) Riesenfrosch aus Westafrika
Was ist ein Rüsselhündchen?	a) kleines, insektenfressendes Säugetier der afrikanischen Wüsten b) Zwergpinscher mit langer Schnauze
Was ist eine Rußnase?	a) Totenkopfäffchen aus den Urwäldern des Amazonasgebietes b) einheimischer Karpfenfisch
Was ist ein Schafkamel?	a) höckerloses Kamel oder Lama aus der Neuen Welt b) Dromedarfohlen mit weißem Fell

▶ Fortsetzung

Was ist eine Schararaka?
a) südamerikanischer Kaiman mit kurzer, breiter Schnauze
b) sehr giftige Lanzenotter aus Brasilien

Was ist ein Schupp?
a) langschnäuziges Schuppentier aus den Wäldern Westafrikas
b) nordamerikanischer Waschbär

Was ist ein Sekretär?
a) hochbeiniger Raubvogel aus den afrikanischen Steppengebieten
b) in Indien lebendes Buckelrind

Was ist eine Sirene?
a) Urwaldpapagei mit besonders durchdringender Stimme
b) von Wasserpflanzen lebende Seekuh

Was ist ein Strandwolf?
a) gefräßiger Marder aus den Küstengebieten Skandinaviens
b) südafrikanische Schabrackenhyäne

Was ist ein Taipan?
a) größte und gefährlichste Giftschlange Australiens
b) ausgestorbenes Wildpferd

Was ist ein Tarpan?
a) sehr seltener Halbesel aus den Steppengebieten Persiens
b) ausgestorbenes graues Wildpferd

Was ist ein Uakari?
a) kleiner Urwaldaffe vom Amazonas, auch Scharlachgesicht genannt
b) wildes Nabelschwein aus Amerika

Was ist ein Unau?
a) Zweifingerfaultier aus den Urwäldern Südamerikas
b) große Kuhantilope aus Afrika

Was ist ein Urson?
a) Braunbär aus den Gebirgsgegenden Südosteuropas
b) kanadisches Baumstachelschwein

Was ist ein Vari?
a) nächtlich lebender Halbaffe aus den Regenwäldern von Madagaskar
b) zahmer asiatischer Wasserbüffel

Was ist eine Vikunja?
a) zierliches, wildlebendes Lama aus den Hochsteppen der Anden
b) afrikanische Giraffengazelle

Was ist ein Wapiti?
a) ostafrikanisches Hausrind mit besonders weit ausladenden Hörnern
b) großer Edelhirsch aus Nordamerika

Was ist ein Wau-Wau?
a) der langarmige Silbergibbon, ein Baumaffe von der Insel Java
b) mexikanischer Zwerghund

Was ist ein Xenosaurus?
a) gedrungene Echsen mit großen Höckerschuppen
b) ausgestorbener Riesensalamander

Was ist ein Yak?
a) Heulwolf aus den innerasiatischen Steppengebieten
b) Grunzochse aus Tibet

Was ist ein Yurumi?
a) geheimnisvoller, noch unbekannter „Schneemensch" aus dem Himalaja
b) großer Ameisenbär aus Südamerika

Was ist ein Ziesel?
a) Erdhörnchen aus den Steppen von Osteuropa
b) einheimisches Zwergwiesel

Was ist ein Zimtbär?
a) zimtfarbener Tagschmetterling aus den Mittelmeerländern
b) bräunliche Spielart des Baribals

Was ist ein Zorilla?
a) afrikanischer Bandiltis aus der Familie der Raubmarder
b) jähzorniger Menschenaffe

Verdreht

Verdreht

HALLO!

ICH HAB MICH
SCHON IMMER
EIN BISSCHEN
VERDREHT GEFÜHLT.
ICH TAUCHE ZU DEN
UNMÖGLICHSTEN
ZEITEN AUF.

UND KEINER
WEISS WARUM.
ICH BIN DIE
EINZIGE ~~ZAHL~~,
DIE SOWAS KANN.
HIER ZEIG ICH DIR,
WIE DU MICH
FINDEN WIRST.

Nimm 4 verschiedene Zahlen
von 0 bis 9.............................. 7 8 2 3

- Ordne sie so, daß daraus die größte Zahl entsteht.......................... 8732
- Nun mach daraus die kleinste Zahl.............. 2378
- Ziehe die kleine von der großen Zahl ab....... 8732 −2378
- Sehr gut!......... 

.... 6354

- Nun nimm die letzte Zahl und verwandle sie in die größtmögliche Zahl....... 6543
- und dann noch in die kleinste................. −3456
- Ziehe die kleine von der großen Zahl ab....... 3087

UND DA BIN ICH!

VERSUCH ES NUR. SCHLIESSLICH UND ENDLICH TAUCHE ICH IMMER WIEDER AUF. UND WENN ICH AUCH VERDREHT BIN, SO BIN ICH DOCH ECHT ZUVERLÄSSIG!

8730
−0378
8352

8532
−2358
6174

Auf Regen folgt Sonnenschein

Mitunter geht es dem Menschen so, wenn er einen wichtigen Wetterschutz daheim stehenläßt. Schimpfen nützt hier nichts, wenn sich eine Redensart bewahrheitet, mit der wir das zu bezeichnen pflegen, wenn einer vom Pech verfolgt wird. Vom Regen in die ... Das Wort erfährt, wer die Geschichte von Anfang bis zum Ende genau verfolgt und die Buchstaben in der richtigen Reihenfolge der Bilder mitliest.

meister meister
meister meister
meister meister
meister meister

W

Wo ist es am dünnsten zwischen warm und kalt?

Wann darf der Bauer lügen?

Was kommt einmal im Monat, was zweimal im Moment und was nie in zehntausend Jahren?

Die Feuerwehr übt

Diese Feuerwehr-Männer sehen zum Verwechseln gleich aus. Schaust du aber genauer hin, wirst du 4 kleine Unterschiede erkennen. Welche sind es?

95

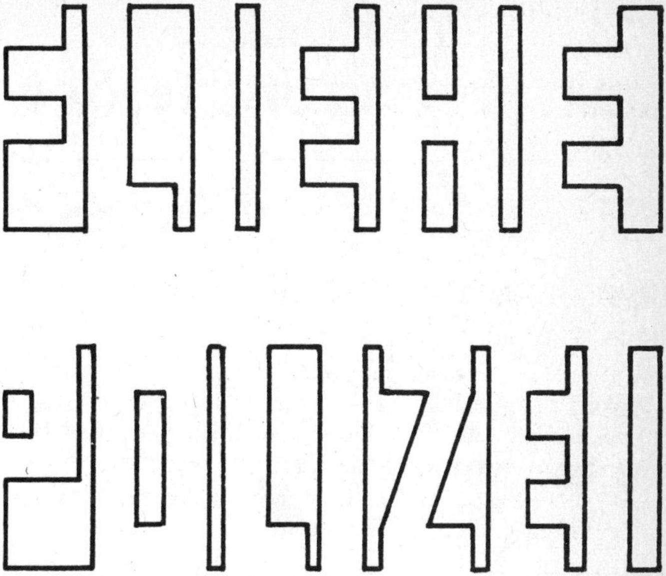

Um diesen Warnruf, der sich auf den ersten Blick nicht zu erkennen gibt, entziffern zu können, bedarf es einiger Fantasie. Doch keine Angst! Das menschliche Auge hat die bewundernswerte Fähigkeit, vorhandene Teile zu den fehlenden so lange hinzuzufügen, bis ein fertiges Ganzes entstanden ist. Plötzlich ist es „da“. Wie lautet diese Botschaft?

96

Die Polizei, dein Freund und Helfer

Ein Polizist kommt an einer Apotheke vorbei und sieht, wie ein kleines Bürschchen vergeblich versucht, an die Nachtglocke zu kommen.
„Soll ich dir helfen?“ fragt er freundlich und hebt den Jungen hoch, so daß er endlich läuten kann.
Kaum hat er das getan, ruft der Kleine: „So, jetzt heißt's aber rennen, Herr Wachtmeister!“ und flitzt davon.

Polizist zu zwei Jungen, die im Apfelbaum eines Bauern sitzen: „Was sucht ihr denn da oben?“
„Fallobst, Herr Wachtmeister!“

Der Polizist stoppt den sehr jungen Autofahrer. „Darf ich mal Ihren Führerschein sehen?“
„Wieso Führerschein?“ möchte der Knabe wissen. „Ich denke, so was bekommt man erst mit achtzehn Jahren?“

„Wollen Sie Ihren Ausweis verlängern lassen?“
„Wieso? Das Format ist doch ganz praktisch!“

Der Dieb, schon mehrfach vorbestraft, wird dem Richter vorgeführt.
„Ich habe Ihnen doch gesagt, ich will Sie hier nie wieder sehen", donnert der.
Dieb: „Sehen Sie, das hab ich dem Polizisten auch gesagt, aber der wollte das einfach nicht glauben!"

Ein Mann geht mit einem Krokodil unter dem Arm spazieren.
Ein Polizist hält ihn an: „Hören Sie mal, Sie können nicht einfach so mit einem Krokodil herumspazieren. Bringen Sie es zum Zoo!"
„Wie Sie meinen", antwortete der Mann achselzuckend.
Einige Stunden später trifft der Polizist den Mann wieder, immer noch das Krokodil unter dem Arm.
„Ich dachte, Sie wollten das Tier zum Zoo bringen!" fährt er ihn an.
„Hab ich auch! Und es hat ihm so gut gefallen, daß ich es jetzt mal mit ins Kino nehmen will."

Der Bauernhof brennt. Verzweifelt bittet der Bauer die Feuerwehrleute: „Spritzen Sie, spritzen Sie, meine Kühe dürfen doch nicht verbrennen!"
Bericht des Feuerwehrhauptmanns nach dem Einsatz: „Keine Kuh verbrannt. Alle ertrunken!"

Richter zum Angeklagten: „Wann haben Sie Geburtstag?"
Der Angeklagte schweigt beharrlich. Richter noch einmal: „Wann haben Sie Geburtstag?"
Angeklagter schließlich mürrisch: „Sie schenken mir ja doch nichts!"

RÄTSEL: Welches ist die kleinste Anzahl Vögel, die in folgender Formation fliegen: 2 Vögel vor 1 Vogel, 2 hinter 1 Vogel und 1 Vogel zwischen 2 Vögeln?

LÖSUNG: 3 Vögel in 1 Reihe - einer hinter dem anderen.

RÄTSEL: Sollte dein Zimmer mal stockdunkel sein und solltest du grade ein Paar Sportsocken brauchen: Wie viele Socken mußt du aus der Schublade nehmen, wenn dort 10 weiße und 10 blaue Socken liegen?

LÖSUNG: 3.

Ich wette, daß du kein Einpfennigstück auf diesen gezeichneten Tisch legen kannst, ohne daß es eine Kante berührt!

Aufgabe: Versuche, das Einpfennigstück so auf den gezeichneten Tisch zu legen, daß es an keine Kante stößt.

Trick: Du schaffst es nicht! Denn hier ist eine optische Täuschung im Spiel. Sie entsteht, weil du bei dieser Tischplatte an ein Quadrat denkst. Deshalb meinst du beim bloßen Hinschauen, daß die Fläche für das Einpfennigstück groß genug ist. Die Abbildung zeigt jedoch ein Trapez (Viereck mit zwei parallelen, ungleichen Seiten), also die perspektivische Verkürzung des Quadrats.

Das ist immer dasselbe.
Das ist immer dasselbe.
Das ist immer dasselbe.
Das ist immer dasselbe.
Das ist immer dasselbe.
Das ist immer dasselbe.
Das ist immer dasselbe.
Das ist immer dasselbe.
Das ist immer dasselbe.
Das ist immer dasselbe.
Das ist immer dasselbe.
Das ist immer dasselbe.
Das ist immer dasselbe.
Das ist immer dasselbe.
Das ist immer dasselbe.
Das ist immer dasselbe.

Das ist immer dasselbe.

Das ist immer dasselbe.

Das ist immer dasselbe.

Das ist immer dasselbe.

Das ist immer dasselbe.

Das ist immer dasselbe.

Das ist immer dasselbe.

Das ist immer dasselbe.

Das ist immer dasselbe.

Das ist immer dasselbe.

Das ist immer dasselbe.

Das ist immer dasselbe.

Das ist immer dasselbe.

Das ist immer dasselbe.

Ist das immer dasselbe?

Mißverständnisse

Zu welchen Zeiten ist der Faule tätig?

Welcher Bauer wurde unschuldig gehängt?

Was nimmt ab oder zu und bleibt doch gleich groß?

Wer geht auf und ab und bleibt stets an der gleichen Stelle?

Wer war der erste Lehrer?

Warum fressen Kühe mehr als Ochsen?

Laufen in beiden Abbildungen (links und

rechts) die querlaufenden weißen Linien parallel zueinander?

Wer bezahlt womit?

Jedes Land hat eine andere Währung. In Österreich gilt der Schilling, in der Schweiz der Franken, in Italien die Lira, in den USA der Dollar und in England das Pfund. Welche Währung gilt in den folgenden Ländern:

In Griechenland
Dinar
Forint
Drachme

In Dänemark
Gulden
Markka
Krone

In Rumänien
Zloty
Piaster
Leu

In Indien
Rupie
Rial
Jen

In Portugal
Peseta
Escudo
Cruzeiro

Verborgener Wunschtraum

Dazwischen eine kleine Aufgabe, um dein schnelles Kombinieren zu prüfen. In dem Wort

DEMOKRATEN

ist ein technischer Wunschtraum verborgen, der sich in diesem Jahrhundert erfüllt hat. Um das Wort zu finden, mußt du alle Buchstaben des Wortes umstellen.

Fünfte Runde

Was ist lauter?

In jeder Gruppe ist eine Geräuschquelle lauter als die andere.

1. Leichtes Blätterrauschen am Baum
   Flüstern

2. Einzelne Schreibmaschine
   Laufender Wasserhahn

3. Unterhaltungslautstärke in 1 m Entfernung
   Leise Rundfunkmusik im Zimmer

4. Staubsauger
   Schwerer Lastwagen in 7 m Entfernung

5. Preßlufthammer in 10 m Entfernung
   Martinshorn der Feuerwehr in 5 m Entfernung

6. 40-Watt-Lautsprecher in ½ m Entfernung
   Laufender Flugzeugpropeller in 4 m Entfernung

Was steckt hinter den Abkürzungen?

EWG =
Europäisches Wissenschaftler Gremium
Europäische Wirtschaftsgemeinschaft
Europäische Verteidigungsgemeinschaft

APO =
Autobahnpolizei
Außenpolitischer Organisationsausschuß
Außerparlamentarische Opposition

dpa =
Deutsches Patentamt
Deutsche Presseagentur
Demokratische Partei Argentiniens

NATO =
Atomenergiekommission
Nationalbehörde der USA für Luft- und Raumfahrt
Nordatlantikpakt-Organisation

DLRG =
Deutsche Landwirtschaftsgesellschaft
Deutsche Lebensrettungsgesellschaft
Demokratische Lehrer-Gewerkschaft

FIS =
Internationaler Seglerverband
Internationaler Fechtverband
Internationaler Skiverband

ARD =
Österreichischer Rundfunkdienst
Arbeitsgemeinschaft der öffentlich-rechtlichen Rundfunkanstalten der Bundesrepublik Deutschland
Amerikanisches Rotes Kreuz

DGB =
Bürgerliches Gesetzbuch
Deutscher Gruben- und Bergwerksverband
Deutscher Gewerkschaftsbund

FBI =
Weltgewerkschaftsbund
Bundeskriminalpolizei der USA
Internationale Filmbewertungsstelle

Peter Kniffelmann an alle!

„Hallo, Denkspaß-Freund, hier hab ich verrückte Zahlen für dich. Ein paar einfache Muntermacher für deine müden Gehirnzellen!"

(A) Wie machst du die Zahl 666 anderthalbmal so groß, ohne was dazuzutun?

(B) Wie kannst du beweisen, daß die Hälfte von 18 gleich 10 ist?

(C) Wie ist es möglich, daß 4 und 6 zusammen 9 ergeben?

(D) Wie kannst du 22 von 20 subtrahieren und dann sogar noch 88 übrigbehalten?

(E) Du subtrahierst 45 von 45 und erhältst doch wieder 45. Wie geht das?

(F) Wie läßt sich die Zahl 100 mit 4 gleichen Ziffern schreiben?

(G) Zwei bestimmte ganze Zahlen miteinander multipliziert ergeben 97. Welche Zahlen sind das?

Noch mal Peter Kniffelmann an alle!

„Hallo, Denkspaß-Freund, wie läuft's? Hast du dich schon verrückt machen lassen?"

(A) Wie beweist du, daß 1 = 0 ist?

(B) Und wie beweist du, daß 5 = 4 ist?

(C) Bekanntlich ist 9 × 9 DM = 81 DM. Wieviel macht aber 8 DM und 99 Pfennig × 8 DM und 99 Pfennig?

(D) Welches ist die größte Zahl, die du mit 3 Ziffern schreiben kannst?

Kim-Spiele

Geruchs-Kim

Teilnehmerzahl: Beliebig
Spielmaterial: Augenbinde, duftende Gegenstände

Einem Spieler werden die Augen verbunden. Man hält ihm verschiedene Dinge unter die Nase, z. B. Parfüm, Seife, Blumen, 1 Scheibe Wurst, 1 Zitrone, 1 Schuh, 1 Zwiebel. Er muß an dem Geruch erkennen, was es ist.

Stielaugen machen

Teilnehmerzahl: Beliebig
Spielmaterial: Verschiedene kleinere Gegenstände: Gebäck, Konfekt, Pralinen, Spielzeug usw.

Beobachtungs- und Konzentrationsspiele nennt man seit einiger Zeit auch Kimspiele, nach dem Buch „Kim" von Rudyard Kipling. In diesem Buch muß der Titelheld angeben, wieviel Arten von Edelsteinen sich auf einem Tablett befinden, das ihm nur eine Minute lang gezeigt wird. Genauso machen wir es: Die Gegenstände, die sich in einer Schale befinden, werden mit einem Tuch verdeckt. Der Spielleiter hebt das Tuch hoch und bittet alle Teilnehmer, sich genau einzuprägen, was sie sehen. Dann werden die Gegenstände wieder verdeckt. Nun nimmt der Spielleiter unter dem Tuch oder mit dem Tuch einen der Gegenstände weg und hebt das Tuch gleichzeitig wieder hoch. Wer zuerst bemerkt, was fehlt, ruft laut den Namen des fehlenden Gegenstandes. Hat er recht, so bekommt er diesen Gegenstand als Belohnung.

Tast-Kim

Teilnehmerzahl: Beliebig
Spielmaterial: Augenbinde, 2 Kochlöffel

Einem Spieler werden die Augen verbunden. Er bekommt in jede Hand einen Kochlöffel und muß nun einen bestimmten Gegenstand oder eine bestimmte Person mit dem Kochlöffel abtasten und erraten.

Was macht's?

Teilnehmerzahl: Beliebig

Einem Spieler werden die Augen verbunden. Dann werden ihm verschiedene Geldmünzen in die Hand gegeben, die er sortieren und deren Gesamtwert er erraten muß.

Grüß Gott, Herr Nachbar!

Teilnehmerzahl: Beliebig
Spielmaterial: Augenbinden

Allen Mitspielern werden die Augen verbunden. Der Spielleiter führt zwei Personen zusammen und läßt sie sich die rechte Hand drücken. Wer zuerst errät, wessen Hand er drückt, ist Sieger.

Zwillingsbrüder, von denen der eine den besseren Appetit hat.
Welcher von beiden?

Ich wette, daß du heiß und kalt nicht unterscheiden kannst!

Aufgabe: Du brauchst drei Schüsseln – eine mit kaltem und eine mit sehr warmem Wasser; das Wasser in der dritten Schüssel sollte etwa Raumtemperatur haben. Laß etwa drei Minuten lang deine rechte Hand im warmen Wasser und deine linke im kalten. Tauche dann beide Hände gleichzeitig in die dritte Schüssel. Ist das Wasser heiß oder kalt?

Trick: Du kannst es nicht beantworten, weil sich das Wasser heiß und kalt anfühlt. Dein Gehirn erhält widersprüchliche Signale von deinen Händen. Eines sagt, das Wasser ist kalt, das andere sagt, es ist heiß. So kommst du völlig durcheinander.

Heiß und kalt sind Werte, die man nur dann bestimmen kann, wenn ein Bezugspunkt vorhanden ist. Das Verwirrende an diesem Trick ist, daß du beim Eintauchen der Hände in die dritte Schüssel zwei Bezugspunkte hast. Die Hand aus dem kalten Wasser empfindet das Wasser als warm, die aus dem heißen Wasser das gleiche als kalt.

Katzenjammer

Vier Spatzen singen im Quartett. Da naht der Störenfried. Damit das Quartett ein Quartett bleibt, singt er nun mit – als was? Diese Frage ist schnell beantwortet, wenn Ihr die Bilder der Geschichte der Reihe nach ordnet und die Buchstaben mitlest.

Wo steckt der »Mißton«?

In der Tonleiter gibt es
Oktave
Intervalle
Dreiklang
Synkopen

Die Frauensingstimmen heißen
Sopran
Mezzosopran
Bariton
Alt

Schlaginstrumente sind
Triangel
Glockenspiel
Pauke
Cembalo

Musikalische Bühnenstücke sind
Oper
Operette
Musical
Sinfonie

Zur Vokalmusik gehören
Sonate
Kantate
Choral
Motette

Harmonikainstrumente sind
Akkordeon
Harmonium
Bandoneon
Mundharmonika

Musikalische Tempobezeichnungen sind
Largo
Crescendo
Andante
Allegro

Von jeweils vier Angaben ist eine falsch.

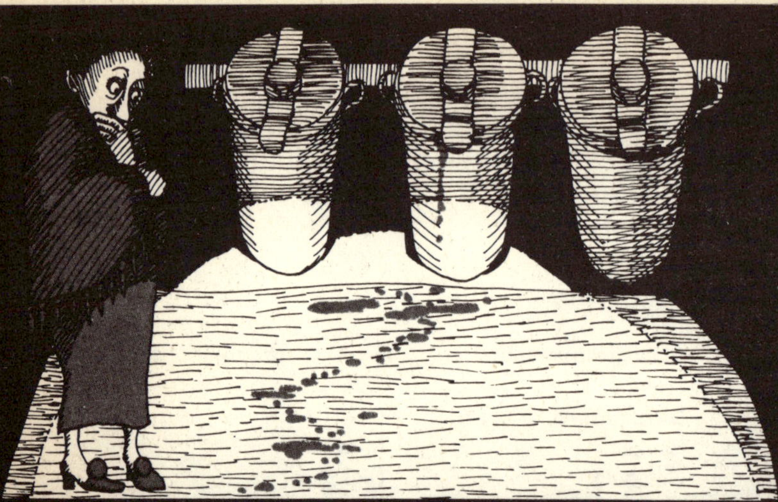

KURZKRIMI

Das Telefon klingelte. Kriminalkommissar Blech hob ab.

„Blech!" sagte er.

„Ein Fall für Sie, Herr Kollege. Ich verbinde weiter", sagte der Oberkriminalrat, und es knackste im Hörer.

„Kommen Sie schnell, Herr Kommissar", hörte Blech eine Frauenstimme, „Nibelungenstraße 399. Blutspuren, überall Blutspuren – und alle führen zu den Mistkübeln."

„Wer spricht?" fragte Blech.

„Ich bin die Witwe von Herrn Werkula, Seilerwaren Witwenfortbetrieb, Nibelungenstraße . . . "

„Rühren Sie nichts an, wir kommen in fünf Minuten", unterbrach Blech, warf den Hörer hin, schrie nach dem Fotografen, der Spurensicherung, dem Chemiker und nach einem Einsatzwagen. Dann zischten sie ab.

Blaulicht. Folgetonhorn. Sie schleuderten aus der Samuel-Epsteingasse in die Nibelungenstraße. Der Fahrer trat auf das Gaspedal und dachte dabei an Niki Lauda, Jochen Rindt hatte er schon vergessen.

Endlich: Nibelungenstraße 399. Dunkles Haustor, dunkle Einfahrt. Blech sah es schon beim Aussteigen. Aha! dachte er und rannte los, hinein in das dunkle Haustor, durch die dunkle Einfahrt und hinein in einen dämmrigen Hinterhof. Hinter ihm der Fotograf mit Jupiterlampe, der

Spurensicherungsbeamte mit seinen Utensilien und der Chemiker mit dem Analysenköfferchen.

An einer Feuermauer, von der der Verputz bröckelte, waren die Mistkübel montiert. Vor ihnen stand ein zitterndes grauhaariges Weiblein und schlug die Hände vors Gesicht, als sie Blech heranstürmen sah. Blech überblickte die Lage sofort. Blutstropfen führten von der dunklen Einfahrt zu einem Mistkübel. Blech faßte mit zwei Fingern vorsichtig den Griff, riß den Deckel auf – und schauderte. Er sah Fleischteile und Knochen. Er gab dem Fotografen ein Zeichen und wendete sich an die kleine Frau.

„Weinen Sie nicht, gute Frau. – Ihr Mann?"

Sie schüttelte den Kopf und sagte: „Ich bin ja Witwe."

Der Chemiker kroch auf dem Boden umher und versuchte winzige Blutstropfen zwischen zwei Glasplatten zu legen.

Mittlerweile hatte sich der Hinterhof mit Menschen gefüllt, die gespannt den Befehlen Blechs lauschten und neugierig den Aktionen folgten. Auch die Fenster, die der Feuermauer gegenüber lagen, öffneten sich, und viele Köpfe starrten schweigend in die Tiefe. Die Jupiterlampe leuchtete, der Hinterhof war taghell. Als das Gedränge immer ärger wurde und Blech eben eine seiner berühmten Zuschauerentfernungsmaßnahmen treffen wollte, erhob sich im Hausflur ein Geschrei und Geschimpfe.

„Platz da!" brüllte ein Mann, und in der Zuschauermenge war Bewegung, und es öffnete sich eine Gasse, und in dieser Gasse keuchte ein Mann mit einem vollen Tragkorb. Der Mann hatte eine bodenlange weiße Schürze umgebunden, die blutverschmiert war. Alles wich entsetzt zurück. Frauen kreischten auf. Männer wurden bleich. Nicht so Kriminalkommissar Blech. Blech trat dem Unhold in den Weg.

„Was machen Sie hier? Wer sind Sie? Gestehen Sie alles", sagte Blech mit schneidender Stimme.

Doch der Mann drängte sogar einen Blech zur Seite, ging zu einem Mistkübel, öffnete ihn und schüttete den Inhalt seines Tragkorbes hinein: Fleischstücke, Knochen.

Frauen fielen in Ohnmacht, aus den oberen Stockwerken kam Weinen und Stöhnen. Plötzlich wurde es still im Hinterhof, denn der blutverschmierte Mensch öffnete den Mund und sagte: „I bin da Fleischhauer Kalteis. Meine Kübeln daham san voll. Wer frißt denn heut noch Kuttelfleck und Bana?" (Das heißt: Ich bin der Metzger Kalteis. Meine Mülleimer zu Hause sind voll. Wer ißt denn heute noch Kaldaunen und Knochen?)

Ein Aufatmen ging durch die Menge, und sie zerstreute sich. Nur Blech runzelte die Braue und hielt Herrn Kalteis an. „Ihre Adresse, bitte?" flüsterte er. Er bekam sie, und Kalteis versprach ihm einen günstigen Preis. Somit wurde auch dieser Fall zu den anderen geklärten Fällen gelegt, und Blech befahl den Aufbruch zur Heimfahrt.

Alle fahren mit Helm

Wer ein Mofa, ein Moped oder ein Motorrad fährt, muß einen Helm tragen. Hier haben 2 Fahrer den gleichen Helm auf. Siehst du sie?

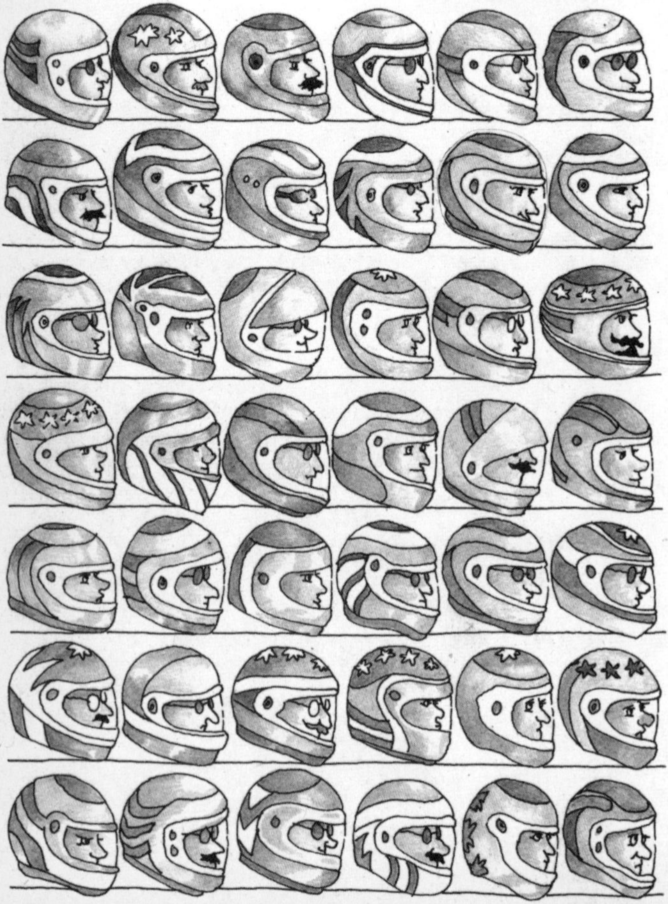

MAI

12

1977

Noch eine Geheimschrift

Wer das Datum als Chiffre für eine geheime Botschaft nehmen will, blicke zuerst auf den Kalender. Zeigt der – zum Beispiel – den 12. Mai 1977 an, schreibt man diese Ziffernfolge fortlaufend über seinen ganzen Klartext. Hier lautet der Klartext: „CODE IST ENTDECKT".

Anwendung: Um die Botschaft zu verschlüsseln, verschiebt man die Buchstaben des Klartextes um so viele Stellen im Alphabet **nach hinten,** wie es die darüberstehende Ziffer des Datums angibt. C um eine Stelle ergibt D; O um zwei Stellen ergibt Q; D um fünf Stellen ergibt I; E um eine Stelle ergibt F. Und so weiter bis zum Schluß der ganzen Botschaft.

Datum	1	2	5	1	9	7	7	1	2	5	1	9	7	7	1
Klartext	C	O	D	E	I	S	T	E	N	T	D	E	C	K	T
Chiffre	D	Q	I	F	R	Z	A	F	P	Y	E	N	J	R	U

A B C D E F G H I J K L M

N O P Q R S T U V W X Y Z

D Q I F R

Z A F P Y

E N J R U

Wichtig ist nur, darauf zu achten, daß bei Verschiebungen über den letzten Buchstaben des Alphabets, dem Z, hinaus wieder vorn beim A beginnend weitergezählt wird. Man muß sich also immer – beim Verschlüsseln und beim Entschlüsseln – das Alphabet aufschreiben, dann geht's leichter. Darum ist es hier abgedruckt.

Ein großer Vorteil bei diesem Kalendergeheimnis ist, daß kein Buchstabe des Klartextes durch häufiges Erscheinen **nach** dem Verschlüsseln auffällt. Taucht dennoch der gleiche Buchstabe im Geheimtext wiederholt auf, so ist es selten der gleiche wie im Klartext. Die Buchstaben E N R S I T kommen im Deutschen so auffällig oft vor, daß – hätten sie immer die gleichen Schlüsselziffern – Fremde den ganzen Geheimtext mühelos entschlüsseln könnten. So ist es auch bei der Knotenschrift.

Es ist ganz gleich, wie viele Ziffern das Datum hat. Ob es der 1. 1. 1977, der 17. 6. 1977 oder der 28. 12. 1977 ist. Der Absender schreibt **immer alle** Datumsziffern fortlaufend über seine ganze Botschaft. Ebenso der Empfänger beim Entschlüsseln. Nur schreibt er sie über den Geheimtext und verschiebt die Buchstaben um so viele Stellen **nach vorne** im Alphabet, wie es die darüberstehenden Ziffern angeben.

Verschlüsseln geht schnell, und auch das Entschlüsseln geht schnell. Man muß sich sehr wenig merken. Nur eines müssen beide kennen: das genaue Datum. Als Hilfe dient Dir das Alphabet, Du brauchst es zum Auszählen. Man kann das Verfahren auch so abändern, daß man **nach vorne** im Alphabet verschlüsselt, der andere muß dann **nach hinten** im Alphabet entschlüsseln. Vereinbart zum Beispiel: An geraden Tagen nach hinten, an ungeraden nach vorne.

Was heißt am 17. 11. 1977:

LLJOF JUNTA XJSBJ

OVLUA FWAPM SFSXJ

YAFAC PCUPH

er spielte
er spielte
er spielte
er spielte
er spielte
er spielte
er spielte
er spielte

POKERface!*

Immer mehr kommt es auf das Aussehen an!
Gewiß,
Sie sprayen
Sie duschen
Sie putzen
Sie cremen und nähren und lindern und fördern und heilen.
Aber haben Sie wirklich A L L E S für Ihr Gesicht getan?
Und wenn Ihren Chef Ihre Nase stört?
Und wenn Ihren Freund Ihr Mund stört?
Und wenn Ihren Sohn Ihre Augen stören?

Dann brauchen Sie P O K E R F A C E !
Mit Pokerface haben Sie sich nichts mehr vorzuwerfen und niemand kann Ihnen etwas vorwerfen!

VORHER:

NACHHER:

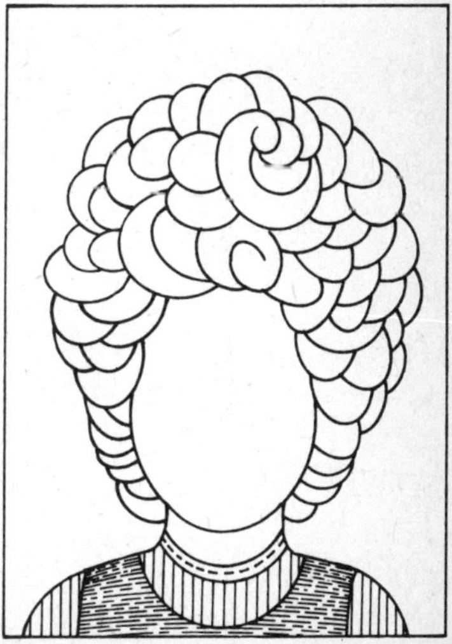

* Eine Tube reicht für sechs bis sieben Fünfstunden-Auftritte.

Der Nächste bitte!

„Heute möchte ich einmal ganz gründlich von Ihnen untersucht werden", sagt Manuela zum Arzt.
„Aber gerne", meint dieser, „wo fehlt's dir denn?"
„Sag ich nicht, Herr Doktor! Das sollen Sie selber rauskriegen!"

Herr Balduin hat sich richtig untersuchen lassen. „Sie sollten jeden Tag eine halbe Stunde spazierengehen", meint der Arzt.
„Vor oder nach der Arbeit?" will Herr Balduin wissen.
„Was sind Sie denn von Beruf?"
„Briefträger!"

Zahnarzt zum Patienten: „Es wird jetzt etwas weh tun. Beißen Sie die Zähne zusammen, und machen Sie den Mund weit auf."

„Nein, Herr Doktor, Zäpfchen mag ich nicht. Die kleben immer so an den Zähnen."

Beim Psychiater. „Herr Doktor, ich glaube, daß ich ein Hund bin."
„Das kriegen wir schon. Jetzt legen Sie sich erst einmal ganz ruhig auf die Couch, ja?"
„O nein! Das geht nicht. Ich darf nicht auf Polstermöbel!"

„Hier Städtisches Krankenhaus!"
„Oh, entschuldigen Sie, ich bin falsch verbunden!"
„Da müssen Sie schon herkommen und das selbst dem Doktor zeigen!"

Arzt zu Herrn Hartmann: „Also mit so einer Bronchitis – da müssen Sie vorsichtig sein. Kein Alkohol in nächster Zeit! Nicht rauchen! Und auch mit dem Essen heißt's vorsichtig sein!"
„Hm", meint Hartmann, „ich verstehe. Ich darf also nur noch husten."

„Konnten Sie nicht eine Stunde eher kommen, als ich noch Sprechstunde hatte?"
„Leider nein, Herr Doktor! Der Hund hat mich erst vor fünf Minuten gebissen."

„Herr Doktor, sagen Sie mir mit verständlichen Worten, was mir fehlt", bittet der Patient den Arzt.
„Nichts fehlt Ihnen. Sie essen und trinken zuviel und arbeiten zuwenig."
„Danke. Und jetzt sagen Sie mir die lateinische Bezeichnung als Entschuldigung für meinen Chef."

Eine knifflige Kreis-Frage

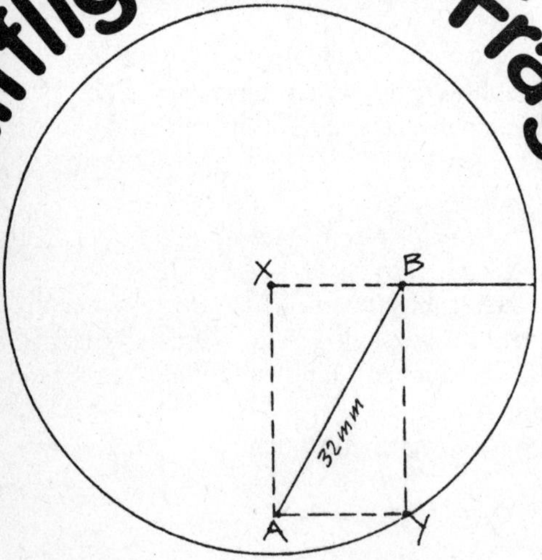

Zuerst probier's mal selber aus. (Zerbrich dir aber nicht den Kopf dabei!)

Nun die Frage: Wie groß ist der Durchmesser des Kreises? Dafür brauchst du gar keine großartigen Berechnungen zu machen. Schau nur auf die Zeichnung.

Wirst du es in 1 Minute herausknobeln?

Wenn du dieselbe Frage einem Erwachsenen stellst (und er nach 1 Minute aufgegeben hat), dann erklär ihm: »Schau mal, die Diagonale AB ist doch genauso lang wie eine Linie von X nach Y!«
(Die Antwort ist: Ja!)

»Ist XY nicht der *Radius?«*
(Radius = Entfernung vom Kreismittelpunkt zur Kreislinie)
(Die Antwort ist: Ja!)

»Kannst du jetzt den Durchmesser herausfinden?«
(Und grins nicht so frech. Du hast es ja auch nicht gleich herausbekommen - oder??)

Frage: Wo ist 10+3 gleich 1?

Habt Ihr eine Küchenuhr? Wenn du zu 10 Uhr 3 Stunden addierst, wo landest du da?

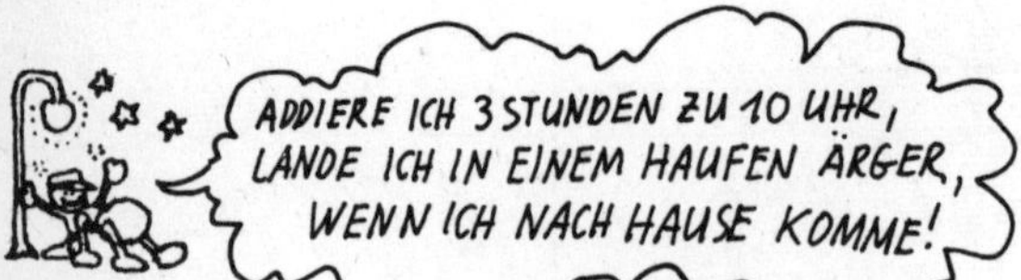

Sechste Runde

Wenn einer eine Reise tut...

„Ich möchte eine Rückfahrkarte."
„Wohin denn, bitte schön?"
„Na, hierher!"

„Waren Sie schon mal in Indien?"
„Nein!"
„Oh, dann müßten Sie ja meinen Bruder kennen. Der war auch noch nicht dort!"

Zwei Amerikaner in Rom. Bei einer Führung im Kolosseum kommen sie auch zu dem Raum, wo sich die Gladiatoren umzogen, bevor sie gegen die Löwen antraten.
„Wie zog man sich denn an, um gegen die Löwen zu kämpfen?" will Dora wissen.
Meint der Führer: „Gaaanz langsam!"

Bodo macht Urlaub in Spanien.
„Buenos Dias!" ruft ihm ein Spanier zu.
„Nein danke!" erwidert Bodo. „Ich fotografiere selbst."

In der Wüste fragt ein Jeep-Fahrer einen Beduinen: „Wie komme ich zum nächsten Dorf?“
„Da fahren Sie immer geradeaus, und übermorgen mittag biegen Sie links ab!“

„Diese Hitze!“ stöhnt Angela in Italien. „In der Zeitung steht, daß es über 40 Grad im Schatten sind!“
„Du mußt dich eben nicht die ganze Zeit im Schatten aufhalten.“

Der Herr ruft im überfüllten Badeort an: „Ich brauche ein Zimmer, und wenn es noch so klein ist!“
„Wir werden sehen, was sich machen läßt“, erwidert die Hotelsekretärin. „Geben Sie uns für alle Fälle Ihre genauen Körpermaße durch.“

Zwei Weltreisende haben sich im Busch verlaufen. Schließlich treffen sie einen Schwarzen. „Du, schwarzer Mann. Haben du gesehen einen Silbervogel mit großen Flügeln?“
„Nein“, erwidert der Schwarze höflich, „einen großen Vogel nicht. Aber drei Kilometer von hier ist ein Flugplatz, und dort landet alle zwei Stunden eine Lufthansa-Maschine.“

Ein kleiner Junge fragt den Vater: „Wo liegt eigentlich Afrika?“ Der Vater überlegt: „Tja, so genau weiß ich das auch nicht. Aber weit von hier kann es auch nicht sein. Bei uns in der Fabrik arbeitet ein Schwarzer. Und der kommt jeden Morgen mit dem Fahrrad.“

Das Buchstaben-Monster hat Hunger

Das Monster kriecht durch die Stadt. Überall frißt es Buchstaben. Versuch mal, die 13 Buchstaben herauszufinden, die jetzt schon fehlen. Wenn du das geschafft hast, kannst du mit ihnen ein Wort bilden. Es nennt dir einen sicheren Straßenübergang.

ZAHN
WEISS
FRISCHE
FILME
JEANS
HOS N
K&K
CHINA
OTTO
HÜT
RISEUR
ES AURANT
OTO
BLUMN
EF
SPIELEN
HAMBURGE
POTHEKE
RECHTSANWALT RECHT
KINDERAR T
DR.med. K.J. MÄRZ
EI DIELE
ITALIA

Mensch gesucht

Hier werden lauter Menschen gesucht. Beispiel: DA – MENSCH – NEIDER. Anfangs- und Endbuchstaben sind gegeben wie auch die „Bäuche". Fehlen nur noch die verbindenden Buchstaben für die leeren Felder. Sie zu finden und damit alle „Menschen" zu erraten, ist anhand der Beschreibungen ein Kinderspiel.

1 was Frauen am Fuß tragen
2 an jeder Wohnungstür zu finden
3 Bildeinfassungskünstler
4 was die Rüster wirft, wenn die Sonne scheint
5 Schnitzerei an einem Schmuckstein
6 Pflanzenzier
7 tut einem bestimmten Finger weh
8 Schabernack im Guten
9 Lustbarkeit vermummter Gestalten
10 sehr berühmter Holzschnitzer
11 leckere Mahlzeit
12 Verfasser bestimmter Theaterstücke
13 das Hellste am Feuer
14 viele, viele Bienen
15 Lehranstalt für Kinder nicht reicher Leute
16 Zwetschgen„wasser"
17 Turnübung am Barren
18 Rest vom Stamm eines tropischen Baumes
19 Heustadel im Gebirge
20 Schule, in die Du nicht gehen mußt
21 Bewohner des viertgrößten Planeten
22 Gürtelverschluß

			D		M	E	N	S	C	H		H					1
			N	A	M	E	N	S	C	H	I	L	D				2
		R			M	E	N	S	C	H						R	3
			U		M	E	N	S	C	H					N		4
		G			M	E	N	S	C	H				T			5
		B			M	E	N	S	C	H				K			6
		D			M	E	N	S	C	H					E		7
S					M	E	N	S	C	H				K			8
		M			M	E	N	S	C	H			Z				9
		R			M	E	N	S	C	H						R	10
		G			M	E	N	S	C	H				S			11
		D			M	E	N	S	C	H						R	12
	F				M	E	N	S	C	H			N				13
			I		M	E	N	S	C	H	W	A	R	M			14
			A		M	E	N	S	C	H			E				15
P					M	E	N	S	C	H				S			16
		H			M	E	N	S	C	H				G			17
		P			M	E	N	S	C	H			T				18
			A		M	E	N	S	C	H				E			19
		D			M	E	N	S	C	H			E				20
	M	A	R	S	M	E	N	S	C	H	E	N					21
		R			M	E	N	S	C	H					E		22

Wie oft kann man einen Meter von 100 Meter Schnur abschneiden?

Wer hat zwei Enden?

Wo kann man den Mond nicht am Himmel sehen?

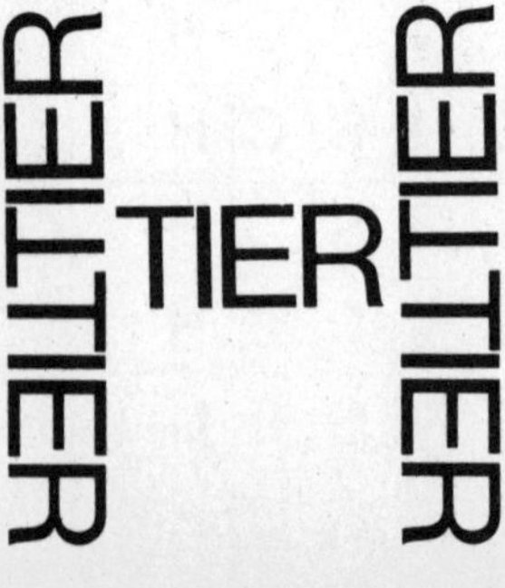

Zeitungsnotiz: Zweiundzwanzig zahme Zwergziegen zwängten sich zwischen zwei zersplitterten Zaunstützen durch die Umzäunung des Zwergziegenstalles. Die Zwergziegenzüchter waren verzweifelt.

Zwei bekannte Tiere kommen hier selbst „zu Worte". Sie gehören zwei verschiedenen Vogelfamilien an, und sie kommen auch aus verschiedenen Lebensräumen. Darüber berichten sie ausführlich; nur ihre Namen verraten sie nicht.

Wer kennt uns?

In Freiheit sind wir nur in Amerika anzutreffen. Unsere Familie ist sehr artenreich, und die meisten der über dreihundert Arten leben in den Tropen Mittel- und Südamerikas. Doch mit einzelnen Arten haben wir uns im Norden bis nach Alaska, im Süden bis Feuerland ausgebreitet. Auch der kleinste aller Vögel gehört zu unserer Familie: Er wird nur knapp sechs Zentimeter groß (davon entfällt mehr als die Hälfte auf Schwanzfedern und Schnabel), und er wiegt weniger als zwei Gramm. Fliegend wirkt dieser Vogelzwerg nicht viel größer als eine Hummel. (Wir haben aber auch einen „Familienriesen", der zwanzig Zentimeter groß und dreißig Gramm schwer wird!) Im Flug bewegen sich unsere Flügel so schnell, daß sie für menschliche Augen kaum mehr zu sehen sind. Dieser Schwirrflug erlaubt es uns, wie ein Hubschrauber in der Luft zu „stehen", blitzschnell die Richtung zu wechseln und sogar rückwärts zu fliegen. Kein Vogel macht uns das nach – höchstens einige Insekten könnten uns noch übertreffen. Und wie Insekten gehen wir auch auf die Nahrungssuche: Blütennektar und kleine Kerbtiere erreichen wir fliegend. Spazierenlaufen können wir allerdings nicht, denn unsere Füße sind so winzig, daß sie höchstens zum Festhalten auf einem Blütenstengel genügen. Dank unserer Röhrenzunge können wir unsere Nahrung ja direkt aus den tiefen Blütenkelchen „tanken", und große Füße wären uns dabei eher im Weg. Einige von uns haben ein so prachtvolles Gefieder, daß uns die Menschen schon bewundernd als „fliegende Edelsteine" bezeichnet haben.

Wer kennt uns nicht?

Noch vor 150 Jahren kannte man uns nur in Australien, der Heimat unserer Vorfahren. Dort leben auch heute noch viele unserer Artgenossen als Wildvögel. Sie streichen in

Scharen über das weite Grasland Inneraustraliens, lassen sich nieder, wo die meisten Grassamen zu finden sind und brüten in den Höhlen alter Gummibäume. Sie sind kaum größer als 20 Zentimeter, und sie haben ein leuchtend gelbgrünes Gefieder mit dunklen, wellenförmigen Querstreifen am Kopf, am Rücken und auf den Flügeldecken. Diese zierlichen, verträglichen Papageien fielen dem berühmten englischen Naturforscher Sir John Gould besonders auf, und er beobachtete ihre Lebensgewohnheiten aufmerksam. Als er im Jahr 1840 nach Europa zurückkehrte, nahm er ein Paar von ihnen mit. Es waren die ersten unserer Art, die lebend nach Europa gelangten. Und damit begann unser Siegeszug. Anfangs bot man hohe Summen für die grasgrünen Kleinpapageien, die nicht nur gute Sänger waren, sondern obendrein schnell lernten, einzelne Wörter nachzusprechen. Doch bald begann man unsere Verwandten in ganzen Schiffsladungen aus ihrer Heimat abzutransportieren. Das nahm solche Formen an, daß die australische Regierung eine Ausfuhrsperre für alle unsere wildlebenden Artgenossen verhängte, um sie vor der Ausrottung zu bewahren. Die weite Schiffsreise nach Europa hatte nur ein Teil der unfreiwilligen Auswanderer überlebt. Und einige davon kamen zum Glück in die Pflege von wirklichen Tierfreunden. Ihnen fiel es leicht, die Grassteppe Australiens mit einem Vogelbauer in der neuen Heimat zu vertauschen. Sie gewöhnten sich schnell ein. Bald gelang sogar die Nachzucht in Europa. Dabei stellte sich heraus, daß vereinzelt Farbabweichungen vorkamen. Das veranlaßte die Züchter zu weiteren Experimenten. Heute gibt es gelbe und weiße, hellblaue, dunkelgrüne, graue und sogar zimtfarbene, violette und mehrfarbige Vertreter unserer Art — neben der grünen Stammform. Wir sind zu geselligen, anspruchslosen Hausgenossen der Menschen geworden. Aber wir fühlen uns nur richtig wohl, wenn wir nicht allein im Käfig sitzen müssen, sondern uns mit Artgenossen unterhalten können. Das geht uns „Zimmeradlern" nicht anders als den Menschen. Unter welchem Namen sind wir bekannt?

Vorne ein Zwerg? Hinten ein Riese? Oder was ist los?

1keit

Wenn Ehen im Himmel geschlossen werden, wie kommen die Leute auf die Erde zurück?

Warum steht der Stürmer vorn und der Torwart hinten?

Wer ist noch nicht gar?

Wie kommt das Geld aus dem Haus?

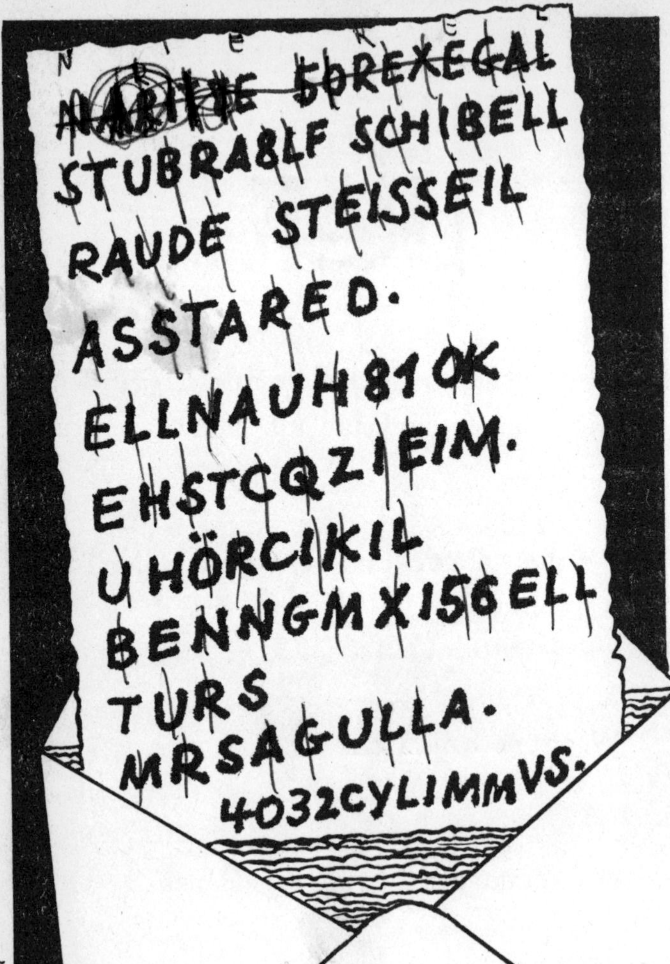

EIN
FAUL
ER
DREH

HERDISISAD

Verkehrtherum

Der Brief auf der linken Seite enthält eine geheime Botschaft. Du kannst sie sofort entziffern, wenn Du den Schlüssel hast. Beginne mit dem **ersten** Buchstaben des Textes und überspringe jeweils die **zwei folgenden** Buchstaben. Der 4. Buchstabe gilt wieder, die zwei folgenden nicht. Das setzt Du so fort bis zum Schluß des ganzen Textes. Die Satzzeichen zählen mit, die Wortzwischenräume nicht!

Die ermittelten Buchstaben von einem „Wort" ergeben – wenn man sie von hinten nach vorn, also gegen die gewohnte Richtung liest – jeweils ein Wort der Geheimbotschaft. So ergibt das 1. „Wort" **N**AR**I**TT**E** auf diese Weise NIE, von hinten gelesen heißt das EIN. Das nächste „Wort" 50**R**EX**E**GA**L**ST**U**BR**A**8L**F** ergibt RELUAF, von hinten nach vorn gelesen = FAULER. Auf diese Weise geht es immer weiter bis zum Schluß: zwei Buchstaben, Zeichen oder Ziffern überspringen und die gefundenen von hinten nach vorn lesen. Nun kannst Du den ganzen Brief entziffern und die Botschaft lesen.

Tip: Du kannst auch Groß- und Kleinbuchstaben mischen und mit eigenen Zeichen versehen. Da die Botschaft bei diesem Verfahren ziemlich leicht zu entziffern ist, empfiehlt sich diese verwirrende Manipulation. Nur: Die Botschaft selbst muß sich in der verabredeten Reihenfolge klar und verständlich ablesen lassen.

Das Gedicht von den unsteten Dingen

es geht bergab es geht bergauf

es geht herab es geht hinauf

es geht zick zack

und geht kreuz quer

mal geht es hin

reh se theg lam

jetzt geht es grad

jetzt geht es krumm

jetzt geht es immer rundherum jetzt geht es immer rundherum jetzt geht es immer rundherum jetzt geht es immer rundherum jetzt geht es immer rundherum jetzt geht es immer rundherum jetzt geht es immer rundherum jetzt geht es immer rund herum jetzt geht es

147

Fliegenschmaus

Mit Froschaugen belauert er die Fliege. Nur einmal herum läßt er sie kreisen – dann schnappt er zu. Wenn Ihr die Buchstaben in der gleichen Reihenfolge lest, verrät das ganze Wort, was der Frosch über so einen Fliegenschmaus denkt.

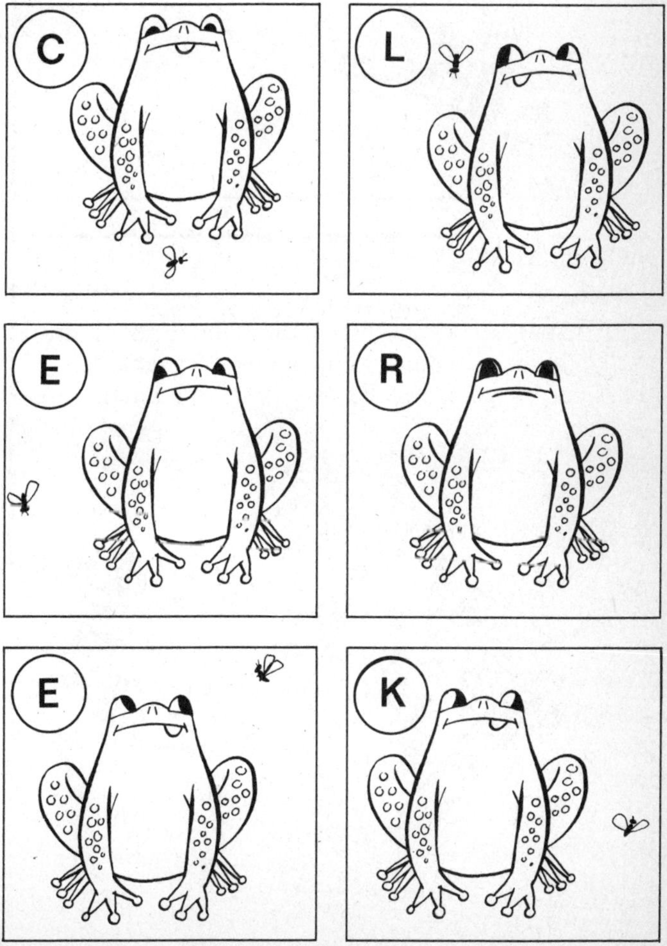

Viereck gesucht

Kannst du ein Viereck zeichnen, das sich mit einer einzigen geraden Linie in 3 Dreiecke teilen läßt?

Blumenkasten

Mit etwas Geduld verteilst du die Blumen so auf die 36 Felder im Blumenkasten, daß in jeder senkrechten oder waagerechten Reihe 3 Blumen blühen.

Ich wette, daß du deinen Fuß nicht vom Boden wegbekommst!

Aufgabe: Dreh dich mit der rechten Seite zur Wand. Drück den rechten Fuß und die Wange an die Wand. Versuche, den linken Fuß zu heben.

Trick: Bei den Aufgaben mußt du deinen Schwerpunkt weg von der gestützten Ausgangsstellung verlagern. Wenn du die erste Aufgabe zu lösen versuchst, fällst du vornüber, bei der zweiten müßtest du die Wand wegdrücken. Ist es nicht unglaublich, wie unser Körper durch kleine ausgleichende Bewegungen automatisch sein Gleichgewicht hält?

nnnnnnn
n

Welches Baby hat einen Schnurrbart?

Wer kommt als erster ins Haus?

Wer wäre ohne Schläge tot?

Kann ein Hundertjähriger nur 25mal seinen Geburtstag gefeiert haben?

Welches Tier frißt nichts?

tel tel
tel tel

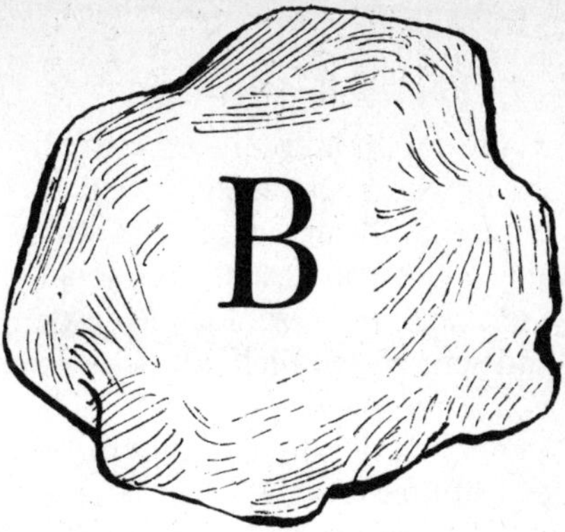

In welche Gläser darf man keinen alten Wein gießen?

Wie kann man zehn von zehn abziehen und noch zehn übrigbehalten?

Welche Geschichte hat kein Ende?

Welche Frage kann nie bejaht werden?

Wer hüpft auch winters im Hemd herum?

Die Sache mit dem Bücherwurm

Felix Schlaumann mußte immer in die Bücherei rennen, um im Lexikon verschiedene Sachen nachzuschauen. Zum Geburtstag bekam er endlich ein großes, 2bändiges Lexikon geschenkt - jeder Band genau 500 Seiten dick. Felix schlug gleich den 1. Band auf und schrieb feierlich auf Seite 1 seinen Namen.

In diesem Augenblick fiel unbemerkt ein Bücherwurm von der Zimmerdecke auf das Buch herab und blieb ganz ruhig auf Seite 1 liegen. Felix klappte das Buch zu, ohne daß sich der Wurm verletzte. Dann stellte er seine beiden neuen Bücher ordentlich zusammen ins Regal.

Der Wurm fing gleich zu fressen an. Er fraß ununterbrochen weiter, bis Felix eines Tages sein Lexikon wieder aufschlug und den Wurm genau auf Seite 500 des 2. Bandes fand.

Nimm mal an, daß der Wurm täglich 5 Buchseiten oder auch 1 Buchdeckel durchfraß: Wie lange hat er gebraucht, um von Seite 1 des 1. Bandes auf Seite 500 des 2. Bandes zu gelangen?

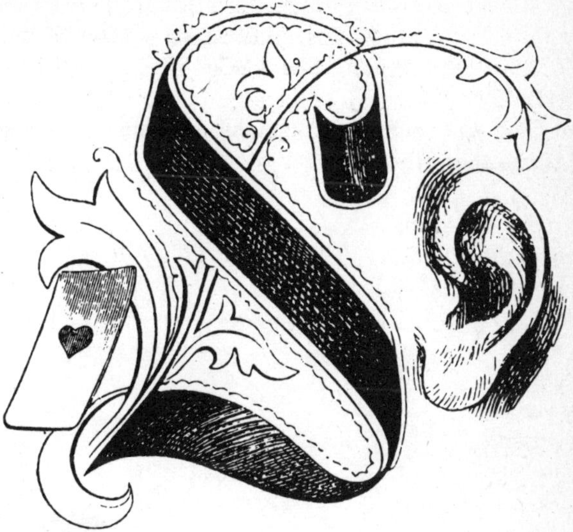

Zehn gute Sachen aus zehn Städten

BIER – KÄSE – LEBKUCHEN – LECKERLI – MARZIPAN – PFANNKUCHEN – SPROTTEN – SCHNITZEL – WEIN – WÜRSTCHEN

Mit welchen der folgenden Städtenamen sind diese zehn guten Dinge eng verbunden:

Basler ....
Berliner ....
Frankfurter ....
Kieler ....
Lübecker ....
Mainzer ....
Münchner ....
Nürnberger ....
Rüdesheimer ....
Wiener ....

Olymp, Olympia, Olympiade

Der griechische Göttersitz heißt
Olymp
Olympia

Olympionike ist ein
Beiname der griechischen Götter
Teilnehmer der Olympischen Spiele

Der Sage nach wurden die Olympischen Spiele begründet von
Achilles
Herakles

Die älteste olympische Disziplin ist
Diskuswerfen
Kurzstreckenlauf

In Athen waren die ersten modernen Olympischen Spiele
1896
1900

Zweimal Olympische Spiele gab es bisher in
Stockholm
London

Die erste Winterolympiade war
1924 in Chamonix/Mont Blanc
1928 in Sankt Moritz

Der Marathonlauf führt über
42,2 Kilometer
50,0 Kilometer

Keinen olympischen Wettstreit gab es 1968 in Mexiko
im Tandemfahren
im Judo

Der Hürdenlauf der Frauen führt über
80 Meter
110 Meter

Die Schlagzahl ist ein wesentlicher Bestandteil beim
Rudern
Boxen

Das olympische Kunstspringen wird ausgeführt auf dem
Sprungturm
Drei-Meter-Sprungbrett

RÄTSEL:

Wenn du abends um 8 Uhr ins Bett gehst und den Wecker auf 9 Uhr morgens stellst – wie viele Stunden würdest du schlafen?

LÖSUNG:

1 Stunde. – Der Wecker würde um 9 Uhr rappeln!

RÄTSEL:

Teile 30 durch 1/2 und zähle 10 dazu.
Was kommt da raus?

LÖSUNG:

70.
30:1/2=
30x2/1=60;
60+10=70.

Siebte Runde

Dwei dahme, därtliche Debras

Zwei zornige zügellose Zebras zerkauen Zucker, zucken, zeigen Zähne, Zungen, zertreten zusammen Zäune; zupfen, zwicken zahlreiche Zebus, Ziegen, Zobel, Ziesel; zerren zwei zweifellos zweihändige Zwillinge, zerkratzen Zwerge, Zigeuner, zwölf Zahnärzte, zwanzig Zigarrenraucher. Zernagen Zirben, zerstören Zyklamen, zerfressen Zinnien, Zedern, Zypressen; zerstampfen Zitronen, zerquetschen Zibeben . . .
Zaghaft zotteln zwei zerknirscht zitternde Zebras zum zankenden Zoowärter.
Der donnert: „Dumme Dunzeln!“
Da dehen die deiden Debras danz drav, danz dammfromm dum Dehege.
Dwei dahme, därtliche Debras!

159

Bastelrätsel

Diese 20 Wörter: AP – Asow – Brandmauer – ein – Eis – Estragon – fis – Irrtum – Kasse – leimen – Leiter – mottenfest – Numerus – Praterherr – Skalp – Sonett – Tee – Uhr – Ulm – Wüstentapir

sind in die leeren Kästchen der waagerechten und senkrechten Reihen einzubasteln, so daß sie sich am Schluß wie in einem Kreuzworträtsel in Verbindung mit den Nebenwörtern ablesen lassen.

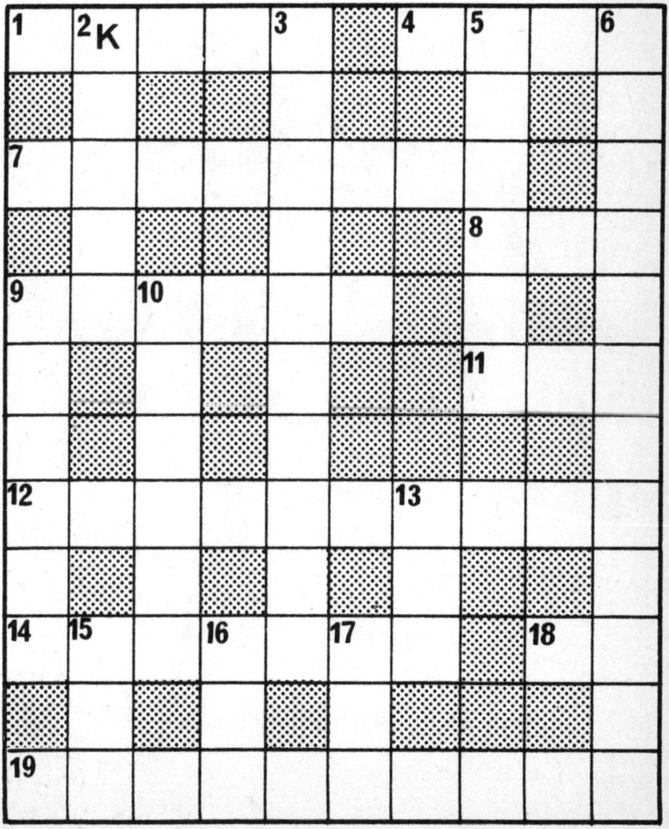

Sie wachsen uns zum Nutzen

In jeder Gruppe gehört ein Wort nicht dazu.

Auf Bäumen wachsen
Zitrone
Kakao
Banane
Dattel

In der Erde reifen
Kartoffel
Ingwer
Erdnuß
Zimt

Getreidegräser sind
Hafer
Buchweizen
Gerste
Reis

Wertvolle Fasern liefern uns
Betel-Palme
Lein
Sisal-Agave
Raphia-Palme

Drei Notrufe

Das Internationale Seenot-Funksignal ist das Morsezeichen
. . . – – – . . .
– – – . . . – – –
. . . – . – . . .

Das Alpine Notsignal ist
jede Minute ein lautes Ruf- oder Sichtzeichen
alle zehn Sekunden ein Sicht- oder Hörzeichen
unregelmäßiges Winken mit Taschentuch oder Anorak

Das Internationale Funksprech-Notsignal lautet
Help me
Mayday
save our souls

Die großen Forschungsreisenden

Einer von dreien ist richtig:

Die erste Weltumseglung machte
Magalhaes, 1519–1522
Vasco da Gama, 1497–1500
James Cook, 1768–1770

Den Südpol erreichte zuerst
Fridtjof Nansen, 1896
Roald Amundsen, 1905
Robert E. Peary, 1909

Den Nordpol erreichte zuerst
John Ross, 1831
Fridtjof Nansen, 1907
Roald Amundsen, 1911

Die erste Forschungsreise nach China unternahm
Marco Polo, 1254
Heinrich der Seefahrer, 1420
Bartolomeo Diaz, 1436

Hast du in der Chemie-Stunde aufgepaßt?

Chemie ist ein interessantes Gebiet, wenn nur die vielen schwierigen Formeln nicht wären. Nicht alle gehen so ins Gedächtnis ein wie H_2O für Wasser, HNO_3 für Salpeter, H_2SO_4 für Schwefelsäure und CaO für Ätzkalk.
Weißt du aber auch, was CaCaO ist?
....

WARNUNG!

Laß kein **Qu** in deine Almhütte,
sonst hast du eine Qualmhütte.

Wer ist besser dran: ein Minister oder der Papst?

Wer hat zwei Flügel und kann nicht spielen?

Was sagte der Mann, als er von 22 Knödeln satt war und den 23. nicht mehr schaffte?

Wer schwitzt in der Kälte?

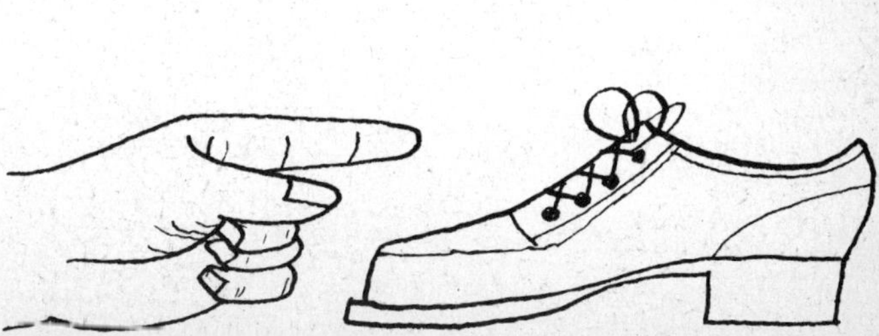

Stammbuchverse

Fehlt Dir die Weisheit – geht niemandem etwas ab.

Mach es wie ein Blitzableiter.
Wenn Dich der Blitz trifft, bleibe heiter!
Mach es wie die Taschenuhr.
Wenn man Dich aufzieht, ticke nur!
Mach es wie der Donaufisch.
Beiß nicht an, dann bleibst du frisch!

Übung macht den Meister,
Zähigkeit den Kleister.
Nur wer zäh und fleißig übt,
ist bei Freund und Feind beliebt.

Einem Schulkollegen, der alle Tage ein Käsebrot ißt, ins Stammbuch:
Drei Jahre lang bist Du mein Nachbar gewesen,
drei Jahre lang sind wir beisammen gesessen,
und immer hast Du nur Käse gegessen,
doch jetzt ist bald Schulschluß, das könnte mir nützen –
wenn *Du* heuer nicht durchfällst,
bleib *ich* freiwillig sitzen!

Was Du selber nicht kannst,
laß andere tun.
Was Du selber kannst,
laß andere tun.
Wichtig ist nur, Du sagst,
daß Du es getan hast.

Wenn dereinst in fernen Tagen
dieses Büchlein liegt vor Dir,
laß Dir von der Freundin sagen:
Sie ist dort und Du bist hier!

Wirst Du einstmals mich vergessen,
hab ich nie mehr Schnackerlstessen.

Ohne Verein
kann niemand sein.

Ich würd' es dir gerne vergönnen,
zu jeder Zeit *alles* zu können.
Doch selbst ein Computer
wird trotz bestem Futter
sich manchesmal irr'n und dann flennen . . .

Schimpfe fröhlich, schimpfe viel,
Schimpfen hebt das Selbstgefühl.

Eine Sorge vertreibt hundert Freuden.

Stammbuchvers für Mäuse
Frisch genagt
ist halb gewonnen.

Wer trinkt, hat keinen Durst mehr.

Schaffe, schaffe, Häusle baue
und das Land ringsum versaue!

Wer schreit, bleibt immer der lautere.

Genieße kein Vergnügen
und wage keinen Schritt!
Dann kriegst Du auch ganz sicher
vom Schicksal keinen Tritt.

Richtig konstruiert? Und doch ist's ein wunderlich Ding.

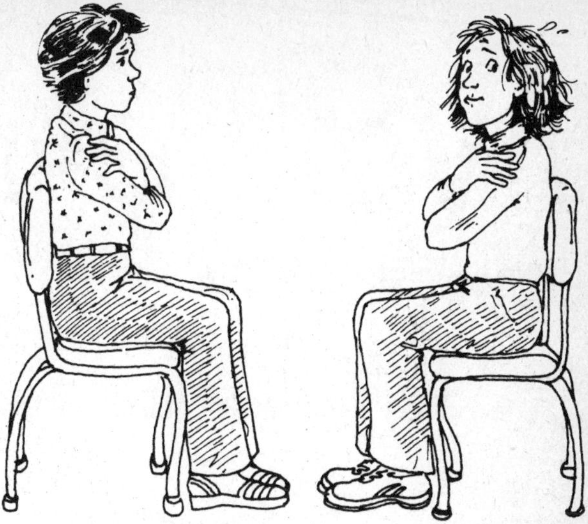

Ich wette, daß du nicht von einem Stuhl aufstehen kannst!

Aufgabe: Setz dich auf einen Stuhl mit gerader Rückenlehne und ohne Armstützen. Lehne deinen Rücken an, stell die Füße flach auf den Boden und kreuze die Arme vor der Brust. Laß den Rücken gerade und die Füße flach auf dem Boden und versuche aufzustehen.

Trick: Beim Sitzen liegt der Schwerpunkt am unteren Ende der Wirbelsäule. Versuchst du, mit geradem Rücken aufzustehen, kann sich der Schwerpunkt nicht über die stützenden Füße verlagern. Unsere Oberschenkelmuskulatur ist nicht kräftig genug, das Gleichgewichtsproblem während des Aufstehens auszugleichen. Also mußt du sitzen bleiben.

W8

Wo sind die höchsten Berge?

Wer schickt seine Kinder am ersten in die Welt?

Wer hat die dümmsten Eltern?

Wer ist der Dümmste in der Scheune?

So wohltuend er allen willkommen ist, so sehr schämen sich seiner alle in der Kirche?

Kommando fall

Ungebetener Zaungast

Da kann es in einer Badeanstalt, die nur den Damen vorbehalten ist, schon einiges an Durcheinander geben, wenn ein ganz ungebetener Neugieriger so mir nichts, dir nichts frech über den Zaun linst. Wer wissen will, was wirklich hinter dem Zaun los ist, verfolge die Geschichte genau vom Anfang bis zum Ende und lese die Buchstaben in der richtigen Reihenfolge der Bilder mit.

Rund ums Essen

Gast zum Wirt: „Wissen Sie, wie Ihr Beefsteak schmeckt? Wie eine Schuhsohle, die man mit Zwiebeln eingerieben hat."
Wirt: „Toll, was Sie schon alles gegessen haben."

Gast zum Wirt: „Ich möchte ein Viertel Burgunder."
Wirt: „Bedaure, Burgunder habe ich nicht im Hause."
Gast: „Interessant. Hier auf der Speisekarte bieten Sie aber Schinken in Burgunder an."

„Früher", beschwert sich Siedezahn, „habe ich als alter Stammgast immer zwei Stück Fleisch bekommen!"
„Ja, richtig", nickt der Kellner. „Daß Sie heute nur eins bekommen haben, ist ein Versehen. Man hat in der Küche vergessen, das Fleischstück durchzuschneiden."

Eine Frau kommt mit einer Speckschwarte in der Hand zur Kirche.
Fragt der Pfarrer: „Wo haben Sie denn Ihr Gesangbuch?"
Die Frau erschrickt: „Ach du liebe Güte, dann habe ich wohl das Gesangbuch in die Suppe geworfen!"

Vater hat Küchendienst und läßt beim Abtrocknen einen Teller fallen.
Egon: „Warum hast du dann den Teller vorher noch abgewaschen?"

Der Gast ist empört: „Herr Ober, in der Suppe schwimmt ein Haar!"
Der Kellner winkt ab: „Aber, mein Herr, das ist doch eine Wimper vom Fettauge."

„Mutti, das ist Vreni . . . Kann sie zum Essen bleiben?" Carolus © ali

„Herr Ober, das Muster auf der Butter ist heute aber besonders hübsch!"
„Ja, nicht? Ich hab es mit meinem Kamm gemacht!"

Du kennst den Rest

Dein Freund denkt sich eine 3stellige Zahl und schreibt sie auf. Dahinter schreibt er diese Zahl mit den gleichen Ziffern, nur in umgekehrter Reihenfolge. Dann zieht er von der größeren Zahl die kleinere ab und verrät dir vom Ergebnis nur die letzte (rechte) Ziffer.

Du kennst jetzt den ganzen Rest: Die mittlere Ziffer ist immer die 9, die beiden Ziffern rechts und links, zusammengezählt, ergeben auch immer 9 (zum Beispiel: 321 – 123 = 198). Alles klar?

Risotto, Sir?
?riS, ottosiR

Denk ned!
Es sass im Kajak Miss Asse
Rettender Retter, red netter!
Ein Esel lese nie
Leo, spar Rapsoel!
Marktkram
Riss es, Sir?
Red, Aff, fader!
A Klo-Polka
E-Dur, Trude!
Geist, sieg!
Holz, loh!
Ein Trepp-Alk* klappert nie
Tunk nie ein Knie ein, Knut
Reitstier
Reit amal a Lamatier
Elly biss Sibylle
Gnudung
Sakra, Maden in Edamar-Kas!

*Vogel Alk, auf der Treppe sitzend

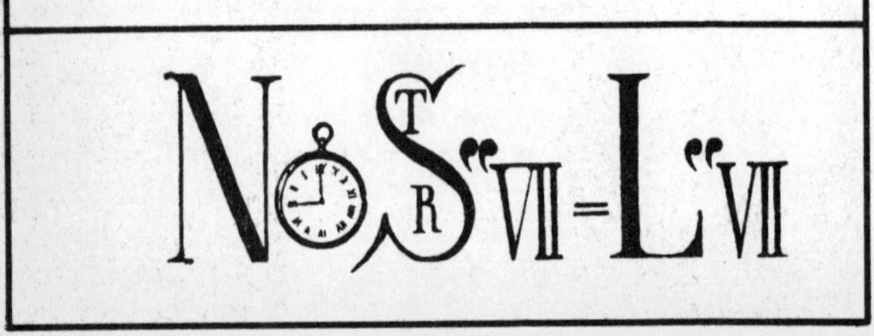

Verwandlungskreuz

Wer jeweils von dem Wort in den Kreuzenden ausgeht und von Zeile zu Zeile je einen Buchstaben im Wort gegen den neuen austauscht, der stößt mit dem sechsten Buchstabenwechsel auf SALZ, ganz gleich, von welchem Ende des Kreuzes er ausgeht.

FELL
D
H
M
A
S

BILD | W | A | L | B | Z | SALZ | L | A | M | T | E | PILZ

S
L
T
A
Z
HERD

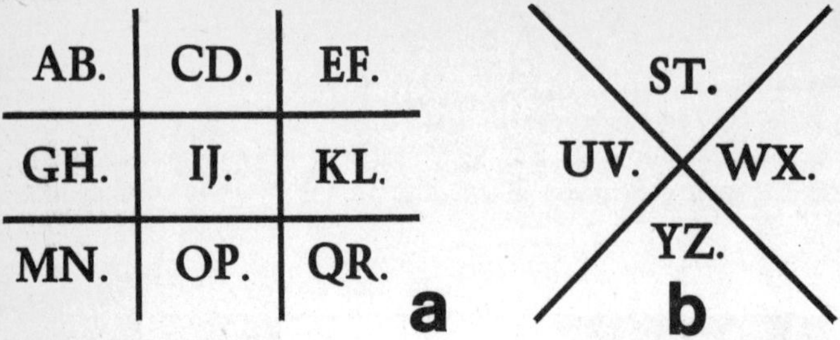

Winkelzügig

Mit sechs Strichen zeichne zwei Kästchengitter (a und b). Trage das Alphabet in gewohnter Reihenfolge in die 13 Felder ein – immer zwei Buchstaben in ein Kästchen, der 2. Buchstabe bekommt einen Punkt. Löst man alle Buchstaben aus den Kästchengittern, behält aber alle sie umgebenden Linien bei, erhält man ein neues Alphabet von Geheimzeichen, das wir für die winkelzügige Geheimschrift brauchen. Das neue Aussehen der Buchstaben ergibt sich aus ihrer Stellung innerhalb der Kästchengitter (c). Zur besseren Unterscheidung stehen alle Buchstaben **ohne** Punkt in Winkeln **ohne** Punkt, alle Buchstaben **mit** Punkt stehen in Winkeln **mit** Punkt.

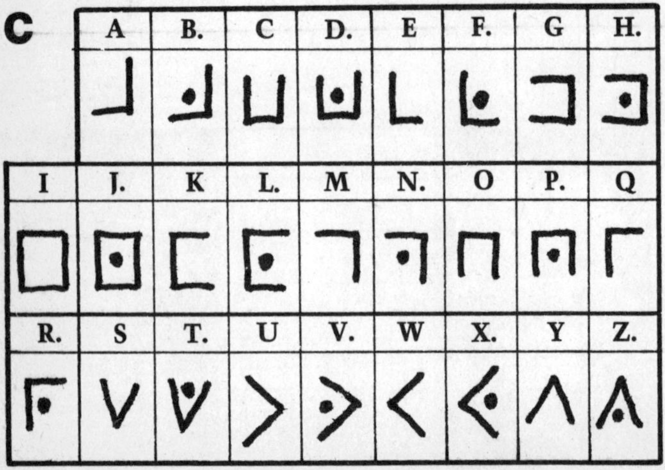

177

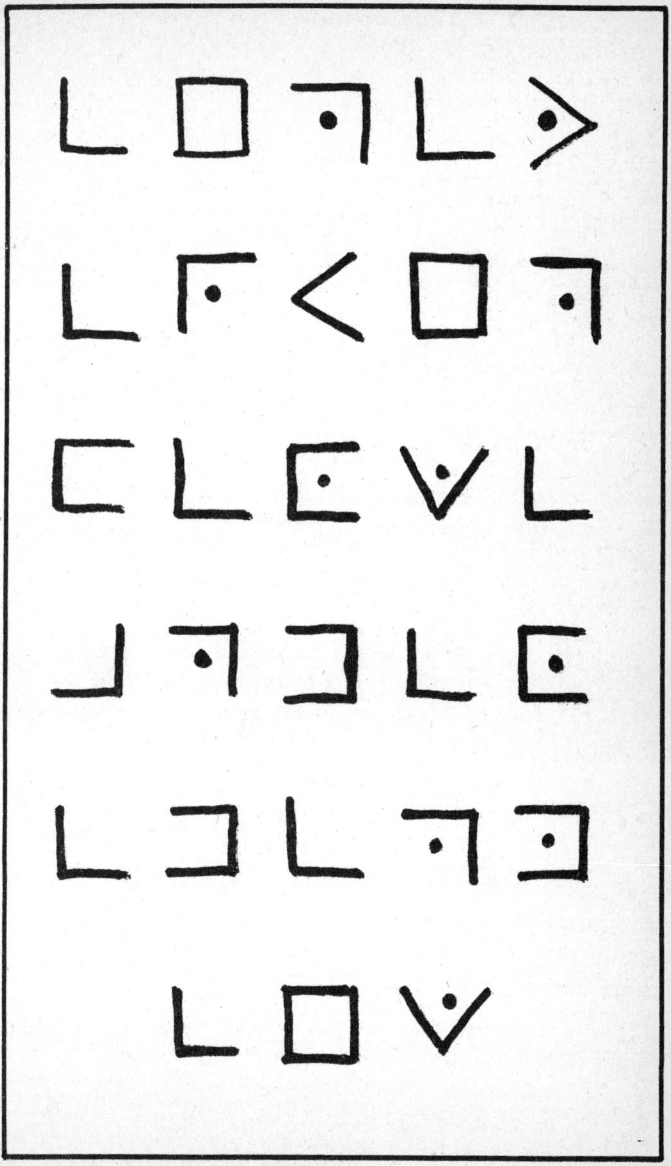

Kim-Spiele

Beobachtungs-Kim

Teilnehmerzahl: Beliebig
Spielmaterial: 1 Bild

Der Spielleiter zeigt allen Teilnehmern für die Dauer von zwei Minuten ein Bild. Dann dreht er das Bild wieder um. Nun muß einer das betreffende Bild beschreiben. Anschließend wird festgestellt, ob das Bild richtig beschrieben wurde, bzw. was falsch gesehen oder vergessen wurde.

Zeichen-Kim

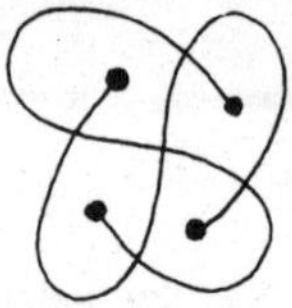

Teilnehmerzahl: Beliebig
Spielmaterial: Papier, Bleistift

Man zeichnet vier Punkte und verbindet sie durch Linien, wie es die Zeichnung hier angibt. Nachdem man die Anwesenden eine Zeitlang die Figur hat betrachten lassen, nimmt man diese weg und bittet die Anwesenden, die Figur aus dem Gedächtnis wiederzugeben.

Kleider-Kim

Teilnehmerzahl: Beliebig

Es muß dunkel sein im Zimmer. Der Spielleiter schaltet das Licht für zwei Minuten aus. Schnell ändern alle Mitspieler etwas an ihrer Kleidung: Brille ab, Jacke auf, Schlips weg, Kragen auf, Ärmel hochgekrempelt. Wer am meisten Änderungen feststellt, gewinnt.

Übergewicht

Teilnehmerzahl: Beliebig
Spielmaterial: 3 Briefe

Es werden vorher drei Briefe mit Umschlägen vorbereitet, von denen der eine 17 g, der zweite 19 g und der dritte 21 g wiegen muß. Die Briefe müssen ganz gleich aussehen; das Gewicht (oder eine nur dem Spielleiter bekannte Kennziffer) ist auf der Rückseite notiert. Jeder Mitspieler muß die drei Briefe nach dem Gewicht sortieren und erhält 5 Punkte, wenn er alle richtig errät, 3 Punkte bei zwei richtigen und 1 Punkt, wenn er den über 20 g schweren Brief herausfindet.

W
c

Achte Runde

KURZKRIMI

Es war Kriminalkommissar Blechs große Chance. Alle hatten versagt. Oberkriminalrat Zack wußte keinen Rat. Seit Wochen suchten sie nach Spuren, sie fanden keine. Das war perfekter Einbruch bei Mück. Frau Mücks Diamantendiadem, Diamantenhalsband, Diamantenohrgehänge, Diamantring, Diamantenarmband und was weiß Gott alles noch waren verschwunden. Spurlos. Frau Mück hatte die Kollektion aus dem Safe genommen, denn sie wollte zu ihren Freunden zum Abendessen, und denen wollte sie den Appetit gründlich verderben. Der Neid sollte sie fressen.

Jetzt hatte Frau Mück selbst keinen Appetit – seit Wochen. Sie hatte die glitzernden Kostbarkeiten auf den Schminktisch gelegt, war aus ihrem Zimmer gegangen, und als sie nach Minuten wiederkehrte, war alles verschwunden. Und niemand war im Haus – außer Emil, der Gatte. Emil Mück, Astrologe und Gedankenleser von Weltruf.

Blech fuhr zu Mücks Villa am Meer. Eigener Sandstrand. Eigene Palmen. Blech pfiff durch die Zähne. Dann streifte er durch das Haus. Vom Keller zum Dachboden, vom Dachboden zum Keller. Dann in das Boudoir der gnädigen Frau. Blech suchte alle Fußbodenritzen ab, er kroch unter das Bett, er ließ nichts unversucht. Als er unter dem Bett lag und über das glänzende Parkett blinzelte, entdeckte er Spuren. Fußspuren. Sein Herz tat einen großen Sprung, fast weinte er vor Freude, er ließ das Zimmer sperren und rief Oberkriminalrat Zack an: „Ich habe sie!“ frohlockte er.

„Die Diamanten?“ fragte Oberkriminalrat Zack.

„Nein, aber Spuren", antwortete Blech.

„Sie Glücklicher. Halten Sie sie fest, lassen Sie sie fotografieren, aufzeichnen, abmessen, nur verwischen Sie sie nicht."

Gesagt, getan. Ein auserlesenes Team war an der Arbeit. Man fotografierte, fertigte Zeichnungen an, maß, klebte einige Fußspurenstaubteilchen auf und legte sie sorgfältig in ein Säckchen für die Laborprobe. Dann versiegelten sie das Zimmer. Blech fuhr stolz und in gehobener Stimmung ins Präsidium und wartete auf die Entwicklung der Bilder und der Staubanalysen. Die Analyse ergab: Sand vom Strand.

Aha! dachte Blech, kein gewöhnlicher Räuber, sondern gewissermaßen ein Strandräuber. Dann gingen sie in den Lichtbildvorführraum. Dort sahen sie die Fotos an. Es war phänomenal. Man konnte genau erkennen, daß der Einbrecher Profilsohlen auf den Schuhen hatte. Marke: Zibrum. Das war deutlich zu lesen.

„Schuhgröße?" fragte Blech.

„45", antwortete der Kriminalassistent.

„Phänomenal", sagte Blech, „der Kerl muß ja gewaltig groß sein."

„Ungefähr wie Sie, Herr Kriminalkommissar."

„Wieso?"

„Haben Sie nicht auch Schuhgröße 45?"

„Was wollen Sie damit sagen, Herr Kollege? Sie glauben doch nicht, daß ich –"

„Solange kein Täter feststeht, ist jeder verdächtig – sogar ich", sagte der Kriminalassistent.

„Heinz Günter Meier, Sie sind verrückt!" schrie Blech.

„Sie gestatten?" sagte Kriminalassistent Heinz Günter Meier, bückte sich blitzschnell und riß Blech einen Schlupfschuh vom Fuß.

„Was erlauben Sie sich, geben Sie mir meinen Schuh!" donnerte Blech, aber Heinz Günter Meier drehte den Schuh um und hielt ihn unter eine Stehlampe. Der Schuh hatte eine Profilsohle der Marke Zibrum.

„Herr Kriminalkommissar Blech", stammelte Heinz Günter Meier, „ich verhafte –"

Da läutete das Telefon. Blech hob ab, keuchend. Es war Zack.

„Ihr könnt eure blödsinnigen Fußspuren in den Ofen stecken", schrie Oberkriminalrat Zack, „der Schmuck ist da. Gefunden. Es gibt keinen Dieb."

„Aber, aber . . .", stotterte Blech, „wieso? Wo war er denn?"

„Im Safe. Der Emil Mück hat ihn wieder hineingelegt. Er ist ein vergeßlicher Mann, eben ein Wissenschaftler von hohem Rang. Aber das verstehen Sie nicht, Blech. Ende!"

„Geben Sie mir meinen Schuh", sagte Kriminalkommissar Blech müde und erklärte seinem Assistenten, was geschehen war. Und insgeheim schwor er sich, fortan nur mehr barfuß auf Spurensuche zu gehen.

llllllll

Ⓚ S=

Wort

F*ll*A

fel fel

tel tel
tel tel

ingen
L

Unter Freunden

Zwei Jungen.
Jeder hält seinen Vater für den Größten.
Sagt der eine: „Mein Vater kann sich rasieren, ohne dabei die Zigarette aus dem Mund zu nehmen!"
Sagt der andere: „Meiner kann sich die Fußnägel schneiden, ohne vorher die Socken auszuziehen!"

Rick zu seinem Freund, der ein As in Mathe ist: „Also paß mal auf. Ein Zug fährt von Frankfurt nach München mit 24 Reisenden. In Würzburg steigen 12 ein und 8 aus, in Bamberg steigen 3 aus und 7 ein, in Nürnberg steigen 18 aus und 10 ein, und wenn nun an der nächsten Station 6 aussteigen und nur 2 hinzukommen, wie viele . . ." Unterbricht ihn Paul: „Ganz klar! Ist ja einfach. Ich hab genau mitgezählt . . ."
Rick unbeirrt: „Also dann sag mir, wie oft der Zug zwischen Frankfurt und München gehalten hat!"

„Ich stamme aus einer alten und traditionsreichen Familie", sagt Ina stolz. „Mein Onkel hat sogar eine Uhr, die von Friedrich dem Großen ist."
Elfriede: „So? Das ist doch nichts. Mein Vater hat einen Adamsapfel!"

Zwei Freunde im Kino.
„Sitzt du auch gut?"
„Ja."
„Siehst du gut?"
„Hm!"
„Ist dein Sessel bequem?"
„Sehr!"
„Wollen wir nicht tauschen?"

Zwei Prüflinge unterhalten sich.
„Was machst du denn nach der Prüfung?"
„Was weiß ich. Vermutlich versuche ich es noch einmal."

Franz: „Heute bekam ich einen anonymen Brief."
Gustav: „So? Von wem?"

Zwei kleine Mädchen ärgern sich über ihre Mutter. Wütend sagt die eine Schwester zur anderen: „Also eins steht fest: Wenn ich mal groß bin – die wird bei uns nicht Oma!"

Anita und Evi sind in der Jugendherberge.
Evi: „Deine Füße schauen ja unter der Bettdecke vor!"
Anita: „Ich weiß."
„Sind sie denn nicht kalt?"
„Und wie!"
„Warum tust du sie dann nicht rein?"
„Meinst du, ich will diese kalten Dinger in meinem Bett haben?"

188

Ein Knochen zuwenig

Um dreierlei geht es in dieser Bildergeschichte. Was es ist, werdet Ihr schnell heraushaben, wenn Ihr die richtige Reihenfolge der Bilder bestimmt. Wem es aber gar nicht glücken will, der versuche, die Geschichte anhand der Buchstaben zu verfolgen. Im Zusammenhang gelesen, ergeben sie ein Wort, das auch als Überschrift für den Ausgang der Handlung gelten könnte. Wie lautet es?

1 

2 

3 

Das sind keine Hieroglyphen aus Ägypten, auch keine Schriftzeichen von der berühmten Osterinsel im Stillen Ozean, die noch kein Mensch zu entziffern wußte. Und doch steckt eine Nachricht für Dich drin. Willst Du sie erfahren? Klar doch! Dann lege ein Stück Papier mit der Kante an die Linien der unteren Zeilen 4 bis 6 und übertrage die Zeichen in gleicher Größe und Anordnung auf den Papierrand. Jede Zeile für sich. Oder besser: Nimm Butterbrot- oder Durchschlagpapier und pause alle Zeichen durch. Dann lege die Papierkanten unter die oberen Zeilen 1 bis 3 (4 unter 1, 5 unter 2, 6 unter 3). Jetzt erfährst Du die Nachricht. Wie lautet sie?

4 

5 

6 

Das Pfennig-Kreuz

Auf dem Tisch liegen 9 Pfennige. Nimmst du die oberste und unterste Münze ganz weg - wie machst du es, daß trotzdem noch immer in jeder Reihe 5 Münzen liegen?

Die Sache mit den 8 Punkten

Auf einem Schachbrett (8 × 8 = 64 Felder) sind 8 Punkte zu verteilen. Dabei sollte in keiner der Reihen - weder in senkrechter noch in waagerechter, noch in schräger Richtung - mehr als 1 Punkt liegen. - Probier's mal aus!

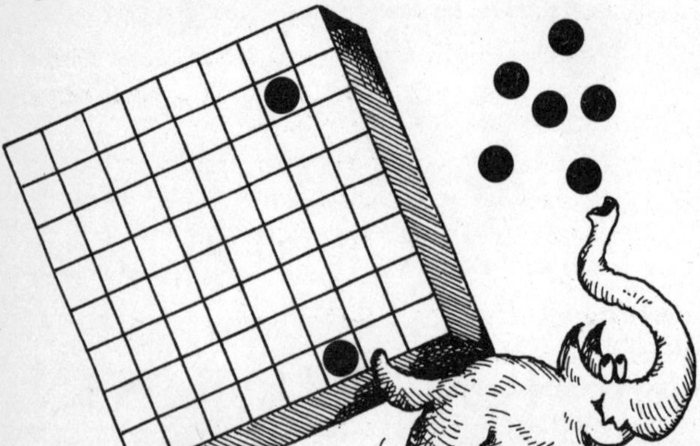

Kennst du die Balladen?

Eine der jeweils drei Balladenstellen ist richtig.

1. **»Der Erlkönig«** von J. W. von Goethe
   a) Fest hält die Fibel das zitternde Kind,
   Und rennt, als ob man es jage . . .
   b) Mein Sohn, mein Sohn, ich seh es genau,
   Es scheinen die alten Weiden so grau . . .
   c) Der Reiter reitet durchs helle Tal,
   Aufs Schneefeld schimmert der Sonne Strahl . . .

2. **»Der Ring des Polykrates«** von Fr. von Schiller
   a) Du hast der Götter Gunst erfahren,
   Die vormals deinesgleichen waren . . .
   b) Und es wallet und siedet und brauset und zischt,
   Wie wenn Wasser mit Feuer sich menget . . .
   c) Kein Schiffer lenket die Fähre,
   Und der wilde Strom wird zum Meere . . .

3. **»Schwäbische Kunde«** von Ludwig Uhland
   a) Es stand in alten Zeiten ein Schloß so hoch und hehr,
   Weit glänzt es über die Lande bis an das blaue Meer . . .
   b) Den Pferden war's so schwach im Magen,
   Fast mußt der Reiter die Mähre tragen . . .
   c) Ich habe es getragen sieben Jahr
   Und ich kann es nicht tragen mehr . . .

4. **»John Maynard«** von Theodor Fontane
   a) Boot oben, Boot unten, ein Höllentanz!
   Nun muß es zerschmettern . . . ! Nein es bleibt ganz . . . !
   b) Vor fliegendem Sturme gleich dem Pfeile
   Hin durch die Schären eilt das Boot . . .
   c) Das Schiff geborsten. Das Feuer verschwelt.
   Gerettet alle. Nur einer fehlt!

Giftig oder ungiftig?

In jeder Gruppe ist jeweils eine der genannten Arten ungiftig.

Giftschlangen sind
Sandotter
Anakonda
Hornviper
Kobra

Insekten mit Giftstachel sind
Honigbiene
Hornisse
Grabwespe
Schlupfwespe

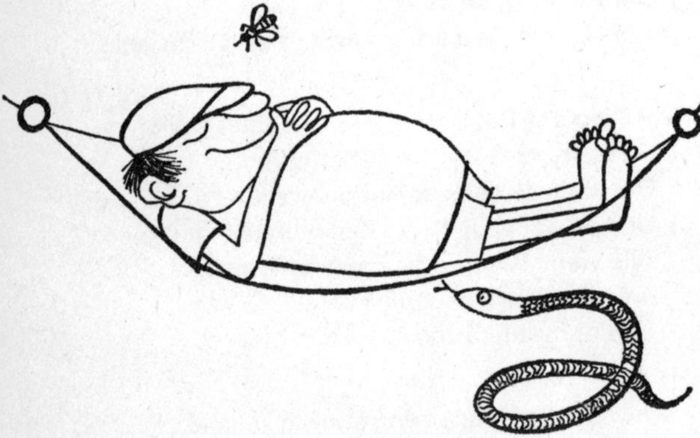

Neun Hundearten sind gesucht

DOGGE
BOXER
MOPS
SP . . IEL
WI . D . PI . L
SPITZ
T.ERRIER

Sieben Hundearten sind hier angedeutet. Die fehlenden Buchstaben, richtig eingesetzt, nennen zwei weitere Hundearten.

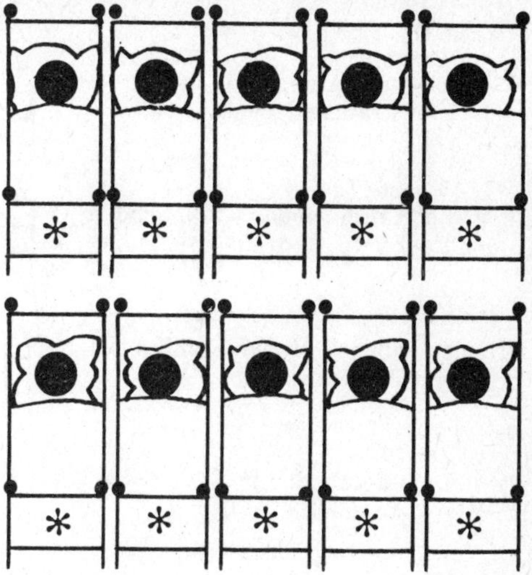

Bluff mit Betten

Spät in der Nacht trifft unangemeldet eine Fußballmannschaft im Gasthof „Zum offenen Tor“ ein. Alle elf Spieler sind hundemüde und wollen sofort ins Bett – jeder in ein eigenes. Der Wirt tritt verlegen von einem Fuß auf den anderen und muß schließlich gestehen, daß vorerst nur zehn Betten vorhanden sind. Er wolle sich sogleich um das elfte bemühen. Inzwischen könnten sie ja mal probieren, ob es nicht auch so ginge. Einverstanden! Aber wie? „Ganz einfach“, sagt der Wirt und legt die Spieler 1 und 2 ins 1. Bett – „Nur provisorisch“, meinte er; Spieler 3 kommt ins 2., 4 ins 3., 5 ins 4. und so weiter bis zum Spieler 10, der ins 9. Bett kommt. Das 10. Bett ist noch frei. Dahinein legt er Spieler 2 aus dem 1. Bett und sagt: „Hier liegt nun der elfte.“ Stimmt das?

„Rätsel-Zoologie“ für Fortgeschrittene: Ein Quiz mit Tiernamen – die leicht verwechselt werden

1 Wie heißen die Beutelbären, die in den Eukalyptuswäldern Australiens leben?

....

- [ ] *Koata*
- [ ] *Coati*
- [ ] *Koala*

2 Wie heißen die rötlichgelben, wildlebenden, hundeartigen Raubtiere Australiens?

....

- [ ] *Dingo*
- [ ] *Dugong*
- [ ] *Drongo*

3 Welchen Namen haben die Indianerbüffel aus den Prärien von Nordamerika?

....

- [ ] *Bison*
- [ ] *Urson*
- [ ] *Grison*

4 Wie heißt die Wildform des in Südamerika als zahmes Haustier gehaltenen Lamas?

....

- [ ] *Guereza*
- [ ] *Guanako*
- [ ] *Gurami*

5 Wie wird das Zweifingerfaultier aus den Urwäldern Südamerikas noch genannt?

....

- [ ] *Unka*
- [ ] *Unze*
- [ ] *Unau*

6 Wie heißen die ungiftigen Riesenschlangen, die hauptsächlich in Amerika vorkommen?

....

- [ ] *Goa*
- [ ] *Boa*
- [ ] *Beo*

7 Wie heißen die Riesenechsen, die nur auf ein paar kleinen Sundainseln anzutreffen sind?

....

- [ ] *Kormoran*
- [ ] *Kaiman*
- [ ] *Komodo-Waran*

8 Wie wird der kleine Wüstenfuchs aus Nordafrika genannt, der sehr große Ohren hat?

....

- [ ] *Fossa*
- [ ] *Katta*
- [ ] *Fennek*

9 Unter welchem Namen ist der Goldhase, ein Nagetier aus Südamerika, noch bekannt?

....

- [ ] *Argali*
- [ ] *Arni*
- [ ] *Aguti*

10 Wie werden die wildlebenden Rentiere aus den nördlichen Gegenden Amerikas genannt?

....

☐ *Jabiru*
☐ *Kerabau*
☐ *Karibu*

11 Wie heißt der einfarbige Wüstenluchs, der in den Steppen Afrikas und Vorderasiens lebt?

....

☐ *Karakul*
☐ *Karakurt*
☐ *Karakal*

12 Wie heißt der Zwergschimpanse aus dem südlichen Kongogebiet in Zentralafrika?

....

☐ *Potto*
☐ *Bonobo*
☐ *Bongo*

13 Wie heißt der seltene Schneeleopard, der in den Hochgebirgen Innerasiens lebt?

....

☐ *Irbis*
☐ *Ibis*
☐ *Indri*

14 Wie heißt das amerikanische Stinktier, mit dem kostbaren schwarz-weißen Pelz?

....

☐ *Skink*
☐ *Skunk*
☐ *Munk*

15 Wie heißt das indische Schnabelkrokodil mit seiner besonders langen Schnauze?

....

☐ *Gayal*
☐ *Serval*
☐ *Gavial*

Für jede der fünfzehn Quizfragen stehen drei Tiernamen zur Auswahl. Jede richtige Antwort bringt zwei Punkte ein. Wer außerdem einige von den dreißig Tiernamen kennt, die als „falsche Antworten" übrigbleiben, bekommt für jeden richtig beschriebenen Namen zwei Sonderpunkte. Dabei zählt schon als gültige Lösung, wenn nur ungefähr erklärt werden kann, um was für ein Tier es sich handelt: daß zum Beispiel ein Gnu zu den Antilopen gehört oder ein Ara zu den Papageien. Im besten Fall könnte jede der fünfzehn Aufgaben sechs Punkte einbringen; aber es ist nicht ganz einfach, alle Fragen richtig zu beantworten. Wer darum von den 90 erreichbaren Punkten mehr als 50 schafft – ohne vorher im Lösungsteil nachzuschauen –, gehört bereits zur Spitzenklasse unter den „Rätsel-Zoologen".

● Phänomen der Spirale: Läßt man die Spirale um den Mittelpunkt rotieren (Buch in kreisförmige Bewegung bringen), dann wird sie sich je nach Drehrichtung zusammenziehen (bei Rechtsbewegung) oder erweitern (bei Linksbewegung).

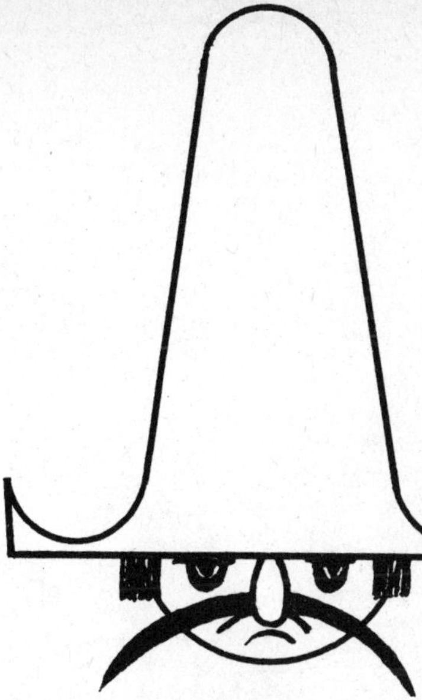

● Augenmaß: Zeichnet dort in den Hut die Linie ein (quer), die der Hälfte der Breite der Krempe entspricht!

● Ist der Kirchturm so hoch, wie die Kirche lang ist?

Vorschläge für Gästebuch-Eintragungen

Sechs Tage war ich Euer Gast
und fiel Euch manchmal arg zur Last.
Ihr gabt mir Euer Bett, Ihr Braven,
und habt auf dem Balkon geschlafen.
Ich speiste köstlich wie ein Fürst,
und Euch genügten heiße Würst'!
Ich schlürfte Wein in vollen Zügen,
Euch mußte Wasser auch genügen.
Daß ich Euch kein Geschenk gebracht,
hat Euch, gottlob, nichts ausgemacht.
Und wenn Ihr wollt, ich schreib's gleich nieder,
komm ich im nächsten Sommer wieder!

Die Sonne strahlte zwar wunderbar,
doch in der Suppe schwamm oft ein Haar,
das Brot war hart, die Butter flüssig,
der Floh im Bett war frech und bissig,
das Fleisch war fett, der Reis war hart,
mit Zucker und Salz hat der Wirt gespart,
das Bad war kalt, das Bier war lau,
und Tag und Nacht gab es Radau.
Nun fahre ich schnell in ein Krankenhaus
und ruhe mich gründlich vom Urlaub aus!

Agnes

Was hat einen Eingang und zwei Ausgänge, und wenn man mit den Füßen draußen ist, ist man erst richtig drin?

Wie viele Leitern braucht man, um von der Erde auf den Mond zu gelangen?

Wann kannst du mit dem rechten Auge dein linkes sehen?

Warum regnet es nie zwei Tage lang hintereinander?

Wie viele sind da Apostel gewesen?

Welche Graufläche ist heller, welche dunkler?

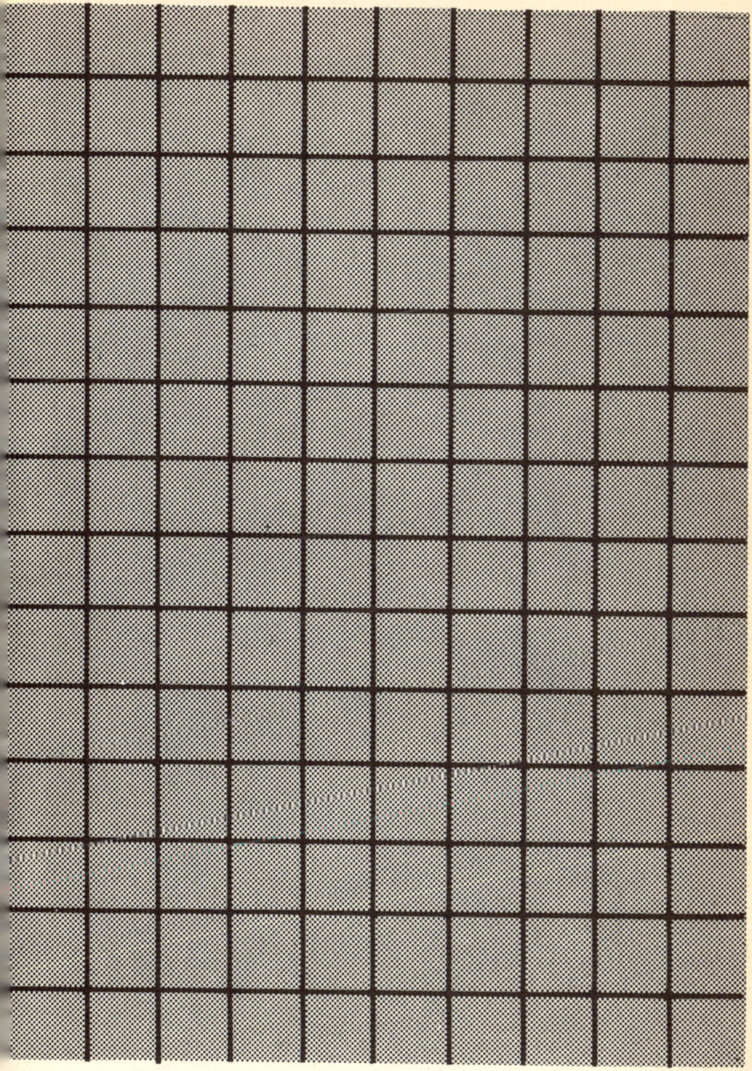

Dies ist ein Glas mit Verfinsterungswasser. Es frißt Licht und löscht jede Flamme, die ihm zu nahe kommt. Paßt auf!

Wollt ihr kosten?

Ich wette, daß du ein Streichholz nicht über einem Glas Sprudel brennen lassen kannst!

Aufgabe: Für diese Wette brauchst du eine unangebrochene Flasche Sprudel und Streichhölzer. (Aber hol dir erst die Erlaubnis, im Haus mit brennenden Streichhölzern zu spielen.) Fülle ein Glas mit Sprudel. Zünde ein Streichholz an und halte es darüber. Gib acht, daß du dir nicht die Finger verbrennst!

Trick: Die Warnung ist natürlich ein Witz. Denn sobald du das brennende Streichholz über das Glas mit Sprudel hältst, verlöscht es schnell. Sprudel enthält Kohlendioxid, das unter Druck steht. Sobald die Flasche geöffnet wird, sprudeln die Gasbläschen an die Oberfläche. Der Raum darüber wird reich an Kohlendioxid und arm an Sauerstoff.

Feuer ist Wärme- und Lichtenergie, die frei werden, wenn sich ein Brennstoff mit Sauerstoff verbindet. Entziehst du der Flamme den Sauerstoff, so unterbricht die Reaktion. Bei diesem Beispiel verbrennt das Streichholz also schnell den ganzen Sauerstoff in der Umgebung. Übrig bleibt Kohlendioxid, das den Brennvorgang nicht unterstützt. Das Streichholz geht aus.

Hinweis: Der Trick gelingt nicht mit abgestandenem, sondern nur mit frischem Sprudel aus einer eben geöffneten Flasche. Ist der Sprudel wirkungslos, so ist es auch der Trick!

Ausfüllrätsel: Mit Überraschung

Ohne den Witz dieses Rätsels vorwegzunehmen, darf doch so viel verraten werden, daß es sich bei dem ersten (linken) Teil der gesuchten zwölf Wörter – deren erster und letzter Buchstabe genannt ist und die durch die starke Linie getrennt sind – durchwegs um Zahlwörter handelt. Zählt man sie zur Summe zusammen, ergeben sie die Zahl 78.

1 Akeleiart
2 Würgevogel
3 vielachsiges Fahrzeug
4 musikalischer Akkord
5 Vertreter neuerer Musikrichtung
6 Doppelspiel auf dem Klavier
7 Hiebwaffe
8 alle Habseligkeiten
9 Sportart der Leichtathletik
10 Geselligkeit am Nachmittag
11 hinterer Teil des Schiffes
12 berühmter Physiker und Nobelpreisträger

1			E									H
2		N									R	
3	S										R	
4		D								G		
5 Z											R	
6		V										G
7		Z										R
8 S											N	
9		Z								F		
10	F										E	
11		A									K	
12			E							N		

Neunte Runde

Drei Erben in der Klemme

3 Leute machten eine Erbschaft: 15 Weinfässer! Jeder von ihnen sollte ganz genau gleich viel Wein und gleich viele Fässer bekommen.
Aber das war nicht so einfach. Denn von den 15 Weinfässern waren 5 voll (V), 5 halbvoll (H) und 5 leer (L). Einer der Erben überlegte scharf, dann hatte er die Lösung. - Du auch?

Köpfchen, Köpfchen - 10 Knöpfchen

Kannst du 10 Knöpfe so auf 5 geraden Linien verteilen, daß in jeder Linie 4 Stück liegen? Kleiner Tip: Die Lösung ist ein Stern.

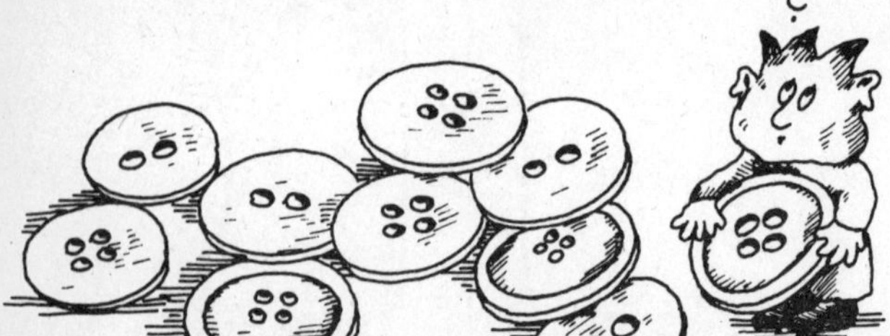

Ich wette, daß du einen Papierstreifen nicht nach unten blasen kannst!

Aufgabe: Schneide dir einen 25 cm langen und 5 cm breiten Papierstreifen. Halte das eine Streifenende direkt unter deine Unterlippe. Versuche, den Streifen so nach unten zu blasen, daß er an deine Brust stößt.

Trick: Der Papierstreifen hebt sich nach oben! Ganz offensichtlich beruht diese überraschende Wirkung wieder auf dem Bernoullischen Gesetz. Der Versuch zeigt, daß die Luft, die über das Papier strömt, den Druck verringert. Der dadurch verstärkte Druck auf der Unterseite hebt das Papier.

Diesem Gesetz entsprechend werden Tragflächen von Flugzeugen gebaut. Die Tragflächen sind so gewölbt, daß die Luft darüber schneller fließt als darunter. Der stärkere Druck unter den Flügeln hebt das Flugzeug in die Luft.

Umstellrätsel: Für Schlafmützen

In diesem Rätsel verbirgt sich ein englisches Wahrwort für Schlafmützen. Man kommt dahinter, wenn man die Buchstaben jedes der zehn Wörter in sich umstellt, bis sie einen Sinn ergeben: nnew – red – schuf – fälscht – anfell – him – ikene – brauten – nis – mula

Ausfüllrätsel: Magisches Gitter

Füllt man die leeren Felder mit den 25 Buchstaben A – A – A – A A – A – D – D – D – E – E – E – E – E – K – L – L – N N – N – R – R – R – T – T richtig aus, kann man in den waagerechten und senkrechten Reihen gleicher Numerierung die Suchwörter der erfragten Bedeutung ablesen:

1	2	3	4	5
2				
3				
4				
5				

1 Funkmessung
2 weiblicher Vorname
3 Vorsteher einer Fakultät (Uni)
4 Heilpflanze (Kampfer)
5 Altersgeld

Umstellrätsel: Für die Weisen

Was sich in den folgenden zehn Wörtern wie Chinesisch anhört, erweist sich schnell als ein gutes deutsches Sprichwort voller Weisheit, wenn man die in sich verstellten Buchstaben jedes Wortes neu umstellt und sinnvoll anordnet: ciher – neis – dun – techreg – merit – schi – ewi – murmk – nud – cheschtl

Visitenkartenrätsel

Durch Umstellen der Buchstaben erfährt man den Lieblingsautor dieser Leseratte.

S E J U L E
N E R V

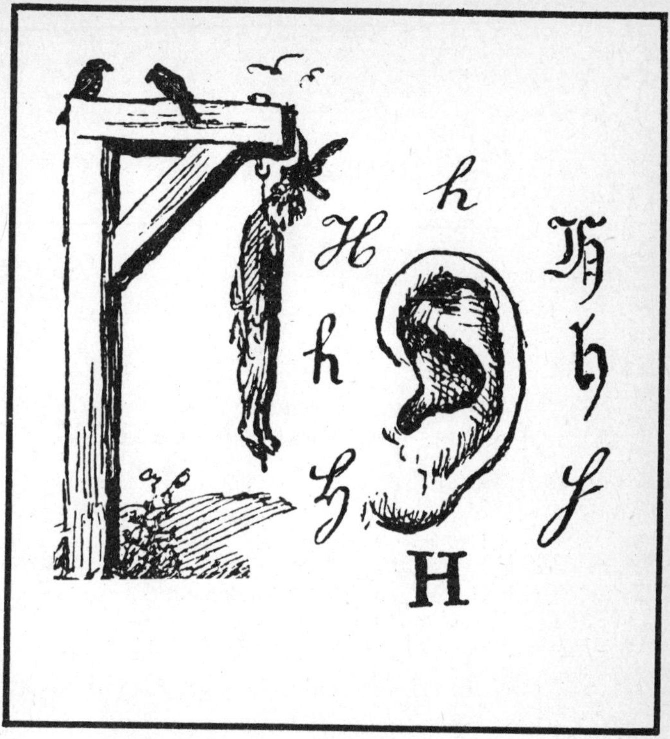
h
H
h
H
h
H

S
&
A

Immer diese Schule

Lehrer: „Alex, du kommst ja schon wieder zu spät!"
Alex: „Ja, Herr Lehrer. Aber zum Lernen ist es nie zu spät!"

Der Sprößling kommt nach dem ersten Schultag heim und meint mürrisch: „Da geh ich nie wieder hin!"
„Aber warum denn nicht?" will die Mutter wissen.
„Weißt du, ich kann nicht schreiben und nicht lesen, und der Lehrer erlaubt uns auch nicht zu reden. Also wozu das Ganze?"

Lehrer: „Das Wörtchen ‚un' am Anfang eines Wortes bedeutet selten etwas Gutes. Wer kann mir ein Beispiel nennen?"
Rudi: „Unterricht, Herr Lehrer!"

Regine muß eine Stunde nachsitzen. Als sie nach Hause kommt, fragt Papa streng: „Wo kommst du denn so spät her?"
Regine: „Ich mußte Überstunden machen."

Der zerstreute Professor: „Schmitthuber, kommen Sie an die Tafel!"
Eine Stimme aus der Klasse: „Schmitthuber ist nicht da, Herr Professor!"
Professor: „Ich habe Sie nicht gefragt! Lassen Sie doch Schmitthuber für sich selber sprechen!"

Professor vor versammelter Klasse: „Laßt es euch ein für allemal gesagt sein: Es gibt keine größere und keine kleinere Hälfte."
Und nach einer Weile: „Aber was rede ich so lange, die größere Hälfte von euch versteht das ja sowieso nicht!"

„Jetzt ist es neun Uhr", sagt der Lehrer zu dem verspäteten Schüler. „Du hättest um acht Uhr schon hier sein sollen!"
Schüler: „Warum? War denn was Besonderes los?"

Fred kommt aus der Schule: „Papa, der Lehrer hat gesagt, wir stammen alle vom Affen ab!"
Vater: „Na, du vielleicht, aber ich nicht."

„Warum mußtest du denn heute nachsitzen?" fragt der Vater den kleinen Michael.
Michael: „Ich habe mich geweigert, jemanden zu verpetzen!"
Vater: „Aber das ist doch nur richtig! Worum ging es denn?"
Michael: „Der Lehrer wollte von mir wissen, wer der Mörder von Julius Cäsar war . . ."

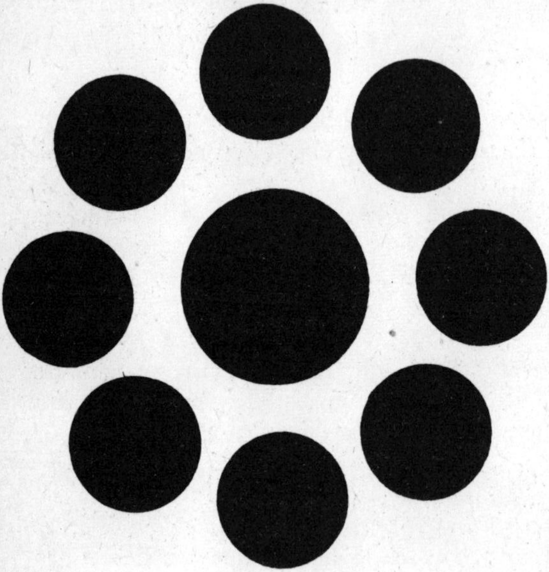

Haben in beiden Abbildungen die mittleren Punkte genau

den gleich großen Durchmesser? Genau hinsehen und schätzen!

Der Leser dieses Buches, den wir uns als Kind denken, wendet sich in der Hauptsache mit seinen Ausreden an drei Personengruppen:

Eltern, Lehrer, Freunde.

Mit den Freunden und den Ausreden wird der Leser sicherlich gut zurechtkommen. Da wird viel geglaubt und viel hingenommen. Freunde, besonders „beste Freunde", neigen zu Phantasie und Gutmütigkeit. Hin und wieder kann man bei dieser Personengruppe sogar bei der Wahrheit bleiben.

Eltern und Lehrer haben oft nur wenig Phantasie und sind nicht immer gutmütig. Vor allem aber Leichtgläubigkeit kommt bei diesen Personen eher selten vor.

Bevor wir die einzelnen Ausreden von A bis Z anführen, wollen wir noch auf grundlegende Erfahrungen hinweisen.

1. Je schlichter und einfacher eine Ausrede ist, umso leichter wird ihr Glauben geschenkt. (Der Onkel aus Amerika ist unglaubwürdiger als die Hausmeisterin.)
2. Je kürzer eine Ausrede ist, umso besser ist sie. Lange Ausreden können zwar auch sehr wirksam sein, wenn sie nämlich derart einschläfernd vorgebracht werden, daß die Aufmerksamkeit des Zuhörenden erlahmt. Dies ist aber eine schwierige Taktik, die nur Geübte anwenden sollten. Für den Normalfall gilt: langes Zuhören-Müssen verärgert!
3. Ausreden dürfen ruhig gestammelt und gestottert, sowie geflüstert werden. Ein allzu trainierter und ruhiger Redefluß macht Erwachsene mißtrauisch.
4. Besonders wichtig! Der Blick in das Erwachsenen-Auge! Das ist nicht schwer. Man merkt so viel rascher, ob die Ausrede geglaubt wird oder nicht.
5. Abzuraten sind Wendungen wie:
„Da können Sie meine Mutter fragen", oder:
„Da kannst du meine Lehrerin fragen", oder:
„Da kannst du ruhig die Anni fragen!"
Der Erwachsene weiß nämlich, daß du weißt, daß er wegen so einer Kleinigkeit nicht nachfragen wird. Sein Mißtrauen wird also nicht kleiner, sondern eher größer.
6. Das Gesicht und deine Stimme sollen, wenn du Ausreden gebrauchst, Erstaunen ausdrücken. Etwa: Ich bin ja ganz sprachlos, daß mir das passieren konnte!
7. Auch wenn du mehrere „beste Freunde" und eine „ganz beste Freundin" hast, so bleib mit deinen Ausreden für dich allein. Weihe sie nicht ein. Sie sind nicht böse, die besten und ganz besten Freunde, aber sie erzählen trotzdem alles weiter, und sie denken nicht daran, wie schnell so eine Sache die Runde macht. Die Freundin erzählt es dem Bruder, der Bruder der Mutter, die Mutter der Nachbarin, die Nachbarin der Lehrerin und die Lehrerin deiner Mutter.
8. Merke dir deine Ausreden. Und verändere sie nie! Auch nicht im kleinsten Detail. Du kannst nicht der Mutter erzählen, daß du das Gedicht nicht lernen konntest, weil die Seite im Buch fehlt, und dem Vater eine Stunde später, daß du das Gedicht nicht lernen konntest, weil über der Seite mit dem Gedicht Tinte vergossen wurde.
9. Du kannst aber auch Ausreden ruhig mehrmals hintereinander gebrauchen. Wenn die Straßenbahn der Linie 44 am Montag eine Störung gehabt hat, dann ist es gar nicht so unwahrscheinlich, daß sie auch am Samstag eine Störung hat. Manche Strecken sind eben anfällig für Störungen.
10. Am besten ist es, du trainierst dich so weit, deine Ausreden selber zu glauben. Dann kann nichts mehr schiefgehen.

N	D	F	R	N	L	O	I	M	Z
Ö	8	S	A	T	I	E	S	L	E
T	G	R	E	C	C	E	S	S	S
E	R	R	O	E	H	6	S	T	N
H	D	E	I	S	T	K	G	D	H
S	I	U	T	A	L	A	E	I	E
S	T	F	Y	R	I	7	I	M	B
T	E	3	A	T	F	E	U	R	B
I	O	K	T	I	E	G	N	T	V
Y	A	U	I	O	E	D	B	N	J

a

Guckfenster

Ein quadratisches festes Stück Papier oder Karton in 10 × 10 gleich große Felder einteilen. Davon 10 Felder als „Guckfenster“ herausschneiden, jedoch keines auf den beiden Diagonalen. **Du findest eine fertige Schablone auf den Seiten 219 und 220.**

Anwendung: Deine Schablone hat 10 Guckfenster. Sie dienen zum Eintragen Deiner geheimen Botschaft. In der Lage 1 (siehe b, links oben) kannst Du 10 Buchstaben auf ein darunter gelegtes Stück Papier Zeile für Zeile eintragen. Drehst Du die Schablone durch eine Vierteldrehung **nach rechts** – jetzt siehst Du die 2 links oben –, kannst Du wiederum 10 neue Buchstaben Deiner Botschaft eintragen. Das setze noch zweimal so fort über 3 und 4, dann hast Du im ganzen 40 Buchstaben Deiner Botschaft untergebracht. Wende nun Deine Schablone um, so daß die Rückseite obenauf liegt und die 5 jetzt dort steht, wo zu Anfang die 1 war – links oben.

Trage in dieser Lage wiederum 10 Buchstaben ein. Wenn Du die Rechtsdrehungen der Schablone und Deine Eintragungen der Buchstaben über 6 und 7 und 8 fortsetzt, kannst Du noch 30 Buchstaben unterbringen und hast am Schluß insgesamt 80 Buchstaben eingetragen – so lang darf Deine geheime Botschaft sein. 20 Felder sind leer geblieben.

Deine Botschaft kann 80 Zeichen enthalten, muß es aber nicht. Es können auch weniger sein. Doch wenn es sehr viel weniger sind, wähle besser ein anderes Verfahren oder eine kleinere Schablone, die Du selbst bastelst. Leere Felder fülle in jedem Fall mit „Faulen". Jetzt hebe Deine Schablone von Deinem Schriftblatt (c) ab und fülle die 20 noch leeren Felder ebenfalls mit „Faulen". Dann ist Deine Botschaft fertig.

Wenn Du die Schablone auf Seite 220 ausgeschnitten und alle Fenster sorgfältig herausgetrennt hast, kannst Du die Botschaft auf der linken Seite leicht entziffern (a). Lege die Schablone wieder so auf, daß die 1 links oben ist.

Tip: Sehr wichtig ist es, die Buchstaben genau in die Mitte der Felder einzutragen (Zeilen halten!). Nicht an die Fensterränder anstoßen! Wer das nicht tut, könnte andere durch diese Fehler sehr schnell auf die Methode des Verfahrens aufmerksam machen. Man hilft sich am besten so, daß man alle vier Ecken der Schablone auf dem Schreibpapier leicht mit Bleistift punktiert oder sonstwie anmerkt (siehe a) und bei jeder Drehung die Schablone wieder neu in diese Markierung einpaßt. Auf dem fertigen Blatt muß man sie wieder gut ausradieren. Hier macht Übung den Meister.

b

1 (5) 4 (8)

	D						I		
						E			
							S		
			I						
S									
				T					
		K			E				
			I						

2 (6) 3 (7)

8 7

	D	F	R	N	L	O	I	M	
Ö		S	A	T	I	E	S		E
T	G		E	C	C	E		S	S
E	R	R		E	H		S	T	N
H	D	E	I			K	G	D	H
S	I	U	T			A	E	I	E
S	T	F		R	I		I	M	B
T	E		A	T	F	E		R	B
I		K	T	I	E	G	N		V
	A	U	I	O	E	D	B	N	

5 9

c

5 8

6 7

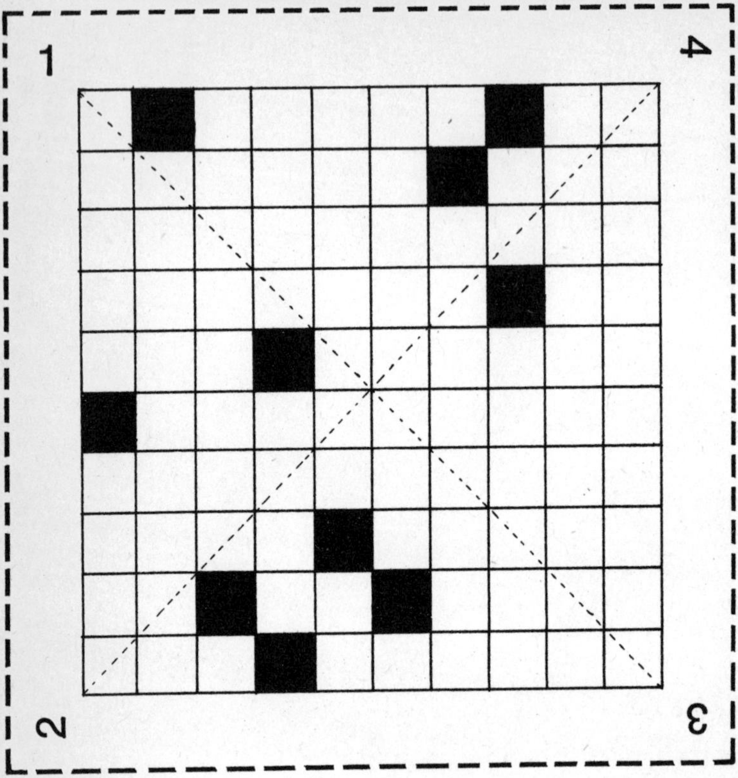

Diese Schablone gehört zu der Geheimschrift „Guckfenster". Schneide sie auf der Linie – – – entlang aus. Die zehn schwarzen Felder ■ sorgfältig herausschneiden und nicht herausreißen. Am besten so: Ein Loch durch die Feldmitte bohren und mit kleiner Schere in Richtung der Ecken, dann auf den Linien schneiden. Die Ziffern 5 6 7 8 auf der Rückseite der Schablone an gleicher Stelle eintragen. Wer eine stabilere Schablone haben will, klebt sie auf Karton auf oder zeichnet sie im gleichen Maßstab auf Karton und schneidet ihn aus.

keit
m

Wie kann man zwei Rettiche mit einem Wort nennen?

Wer sagt: Wenn ich Wasser habe, trinke ich Wein; wenn ich kein Wasser habe, trinke ich Wasser?

Ein Huhn kann eher einen Scheffel Hafer fressen als ein Pferd. Glaubst du das?

LMNT
LMNT
LMNT
LMNT

Frage: Wann ist 3+1 nicht gleich 4?
IN DER KÜCHE!
WIESO?
SALZ
SALZ
3 ESSLÖFFEL WASSER UND 1 ESSLÖFFEL SALZ SIND NICHT GLEICH 4 ESSLÖFFEL SALZWASSER.

Zweimal falsch - einmal richtig

Die Viehfarm in Nordamerika heißt:
Hacienda
Ranch
Estancia

Der Viehhirte in Argentinien heißt:
Cowboy
Peon
Gaucho

Das Grasland von Nordamerika heißt:
Pampas
Prärie
Savanne

Dreimal »Grün«

Grüne Welle heißt
eine bestimmte Wellenlänge des Wetterfunks
eine Signaleinrichtung im Straßenverkehr
eine Algenschicht auf der Meeresoberfläche

Grüne Grenze ist der Name für
die Wachstumsgrenze im Hochgebirge
die Abgrenzung eines Jagdreviers
die Schmugglerwege an der Landesgrenze

Grüner Star ist
eine Vogelart
ein Filmsternchen in der ersten Starrolle
eine Augenkrankheit

Vogeltreffen

Wo sich Vögel treffen, gibt es dauernd was zu beobachten. Vergleiche die beiden Seiten miteinander.

Dann kannst du auf dem rechten Bild sehen, daß einige andere Vögel auf den Drähten sitzen. Welche Vögel sind das?

Jux-Silbenrätsel

Aus 43 Silben sind 14 Wörter zu bilden, deren Anfangsbuchstaben – von oben nach unten gelesen – für viele Leute eine schöne Farbe und für manche Leute einen schönen Zustand nennen. Die genannten Bezeichnungen für die Suchwörter sind sehr, sehr wörtlich zu nehmen:
al – an – ba – bar – bein – bel – ber – bier – de – den – eis – er – freu – form – gang – ge – haupt – ka – lau – laub – laub – lein – man – mann – näh – ne – nen – ni – no – oh – pa – räu – ren – rohr – sä – schlei – schmaus – ser – tel – tisch – u – ur – vi

1 oftmals als heilig angerufener Feuerdurchlaß
2 „gehörige" Mahlzeit
3 Ganovenboß im Offiziersrang
4 Gewebe für nichts und wieder nichts
5 sofort zahlbares Getränk
6 junger Kleintierfänger
7 unifarbene Gestalt
8 Affe im Paletot
9 stark unterkühlter Körperteil
10 handarbeitendes Möbelstück
11 feuchtes Vergnügen
12 Blattschneider
13 einsame längliche Räumlichkeit
14 Urform des Blattwerkes

Silben-Kreuzundquer

In jedes Feld ist eine Silbe einzutragen. Zusammenhängend gelesen, ergeben sich Wörter folgender Bedeutung:

1 + 2 mattglänzendes Kügelchen
1 + 4 kommt aus dem Iran
1 – 5 Laubengang
2 + 4 wer das liest
2 + 3 Stecksteinspiel
4 + 6 kommt aus Serbien
5 + 2 weiblicher Vorname
5 + 4 Strahlenart
5 + 6 Erfrischung
6 + 5 männlicher Vorname

1	2
3	4
5	6

Zum Ausfüllen des Jux-Silbenrätsels

1

2

3

4

5

6

7

8

9

10

11

12

13

14

Schiff ahoi!

Die Dschunke kennst du aus Seeräubergeschichten
der Araber
der Chinesen
der Spanier

Die Kogge ist ein Segelschiff, es wurde benutzt
von Kolumbus auf seiner Amerikafahrt
von den Wikingern
von den hanseatischen Kauffahrern

Das Auslegerboot hat seine Heimat
bei den Eskimos
in der Südsee
in Ägypten

Die Galeere ist ein
hochseetüchtiger Viermaster
ein malaisches Hausboot
ein Ruderschiff mit 25 bis 50 Ruderbänken

Windjammer ist
eine andere Bezeichnung für Karavelle
der seemännische Berufsausdruck für große Segelschiffe
eine seemännische Bezeichnung für Windstille

Zehnte Runde

Die verflixte 13

Warum unter fast allen Abergläubischen just die Zahl 13 als der erklärte Liebling gilt – wer weiß dafür eine Erklärung? (Die Mediziner nehmen die krankhafte Angst vor der Zahl 13 ernst und nennen sie Triskaidekaphobie.)
Es stimmt, daß in alten Zeiten, als man noch nach Mondjahren rechnete, der 13. Monat im Schaltjahr unter dem am Südhimmel erscheinenden Tierkreiszeichen des (Unglücks-) Raben stand. Warum Unglücksrabe?
Weil Odins ständige Begleiter die Raben Hugin und Munin waren und Odin in der germanischen Mythologie als der Gott der Toten galt, der Menschenopfer verlangte. Im Laufe der Zeit hat die stets nährfreudige „Muhmenweisheit" das Rankenwerk um die „Unglücks"zahl 13 dichter und dichter gewoben. In Hotels ist das Zimmer 13 ausgestorben, und wen schon zieht es in das Haus Nummer 13! Und dennoch hängt der 13 nicht nur Magie und Mystik an, sie dient als amtliches Kennzeichen. Wer alle dreizehn Fragen richtig beantwortet, braucht die 13 nicht zu fürchten:

1 Welches Land der Erde symbolisiert in seiner Nationalflagge die Zahl 13 und warum?
2 In welchem Zusammenhang steht die Zahl 13 mit dem Letzten Abendmahl?
3 Wie heißt die Zahl, wenn der 13 dreizehn Nullen angehängt sind?
4 Wer schließt Verträge über 13 Wochen?
5 Welches Land rechnet noch heute mit Mondjahren zu 13 Monaten?
6 Die wievielte Primzahl ist die Zahl 13?
7 Wo gab es eine Eidgenossenschaft der „13 alten Orte"?
8 Welcher Wochentag wird als der unglücklichste angesehen, wenn auf ihn der 13. fällt?
9 Wie heißt der 13. deutsche Bundesstaat?
10 Welches Volk hatte einst Kalenderjahre mit 13 Monaten?
11 Wie schreibt man 13 mit römischen und wie mit arabischen Ziffern?

12 In welchem Land Europas gab es die „Dreizehn Gemeinden"?
13 Wie heißt der 13. Buchstabe in unserem Alphabet – „m" oder „n"?

● Karl kann in einer Stunde 36 Zwetschgenknödel verdrücken. Hans braucht dagegen ganze drei Stunden dazu. In welcher Zeit bewältigen die beiden alle Knödel, wenn sie zugleich mit der Mahlzeit beginnen?

● Frau Kundin besorgt dies und das in einem Geschäft. Zusammengerechnet macht es 9,90 DM. Sie reicht der Kassiererin einen 20-Mark-Schein. Diese blickt zuerst ratlos in ihre Registrierkasse, dann bittet sie Frau Kundin, mit einem 50-Mark-Schein zu bezahlen. Wollte die Kassiererin einen Scherz machen?

● Eine Briefmarke hat 86 Zähne. Die Längsseite hat 5 Zähne mehr als die Querseite. Wie viele Zähne hat jede Seite?

● Gibt es mehr als nur einen Punkt auf der Erde, von dem aus es nur eine Himmelsrichtung gibt?

Der Wirt preist seinen 36-Betten-Gasthof an, der 20 Ein- und Zweibettzimmer habe. „Wie viele Zweibettzimmer haben Sie denn?" fragt ein Gast. „Das können Sie ganz leicht selbst ausrechnen", fordert der Wirt ihn auf. Wie viele sind es?

● Förster Grün verläßt mit seinem Hund Lumpi das Wirtshaus, das acht Kilometer vom Forsthaus entfernt ist, und strebt heimwärts. Lumpi läuft doppelt so schnell wie der Förster heim und wieder zurück zu seinem Herrn. So treibt er das, bis auch der Förster zu Hause ankommt. Wie viele Kilometer läuft der Lumpi?

● Wenn drei Katzen in drei Minuten je drei Mäuse erbeuten, wie lange brauchen dann 100 Katzen, um 100 Mäuse zu erbeuten?

In der Grusel-Bude

Das sind die Zuschauer, die sich in der Grusel-Bude begruseln lassen. Schau dir jeden einzelnen genau an, denn ...

... in der Pause verlassen 6 Leute die Grusel-Bude. Dafür sind 6 neue Leute hereingekommen. Andere Zuschauer haben nur ihre Plätze gewechselt. Erkennst du die 6 neuen Leute?

Das Zuselwusellied

(Könnte auch ein Auszählreim sein)

Zusel wusel
lusel musel
schlutzenbusel
schludriani
timperani
kakerea
omenea
schludriwupp und
wuselzupp

Ringel rangel
zingel zangel
zutzelwangel
zomowomo
lomosomo
wiklafuri
miriuri
wudrischlupp und
zuselwupp

Hier ist Platz für einen Auszählreim, den du selbst erfunden hast.

Ausfüllrätsel: Sprichwort

Jedes Wort der erfragten Bedeutung besteht aus fünf Buchstaben. Sie sind von 1 bis 7 von links nach rechts, von 8 bis 14 von rechts nach links in die Kästchenreihen einzutragen. Alle Gegenwörter einer Zeile haben in Reihe b gemeinsame Endbuchstaben. Wenn alles richtig eingetragen ist, läßt sich in den Reihen a–b–c ein deutsches Sprichwort ablesen:

1 deutscher Opernkomponist († 1826)
2 Kriechtier
3 blitzschnell, reißend
4 Reime
5 Irrsinniger
6 eingebildet, selbstgefällig
7 deutscher Dichter († 1850)

8 Same der Buche
9 Senke, Erdloch
10 Gewebeart, englischer Fluß
11 Nachtblume
12 Stadt in Rußland östlich von Molotow
13 Enterich
14 Stadt und Hafen in Lettland

	a →				b ←				c	
1										8
2										9
3										10
4										11
5										12
6										13
7										14

Visitenkartenrätsel

Durch Umstellen der Buchstaben erfährt man das Hobby dieses Steckenpferdreiters.

FRANK
BEIMER

Kleine Länderkunde

Das Dach der Welt ist eine Umschreibung für
Iran
Afghanistan
Peru
Tibet

Die Grüne Insel ist ein anderer Name für
Grönland
Irland
Island
England

Das Land der aufgehenden Sonne ist
Indien
Arabien
Japan
Persien

Das Land der roten Erde ist
Ostchina
Westfalen
Südtirol
Sizilien

Es fliegt und flattert

Bis 3,60 m Flügelspannweite erreicht der
Rote Milan
Steinadler
Kondor
Seeadler

Die artenreichste Vogelordnung ist die der
Sumpf- und Strandvögel
Sperlingsvögel
Spechtartigen
Hühnervögel

Die Haubenlerche brütet
in einer Hecke
in einem Höhlennest
in einer Bodenvertiefung
auf einem Baum

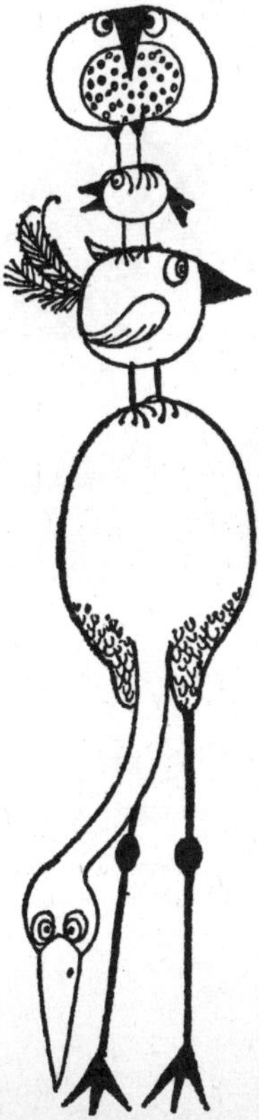

Kein Wintergast am Futterhaus ist
der Buchfink
der Kleiber
der Zaunkönig
die Singdrossel

Der Kanarienvogel gehört zur Familie der
Finkenvögel
Webervögel
Braunellen
Honigfresser

Die Vogelkunde heißt
Ontologie
Ornithologie
Orthographie
Ökologie

Die kleinsten Vögel mit 2 Gramm Gewicht
gibt es bei den
Goldhähnchen
Zaunkönigen
Schwanzmeisen
Kolibris

Steigerungen

Kinder essen Kohl, Blumenkinder Blumenkohl.
Frauen haben Brüder, Milchfrauen Milchbrüder.
Männchen backen Kuchen, Sandmännchen Sandkuchen.
Bauern rauchen Pfeife, Orgelbauer Orgelpfeife.
Männer haben Pickel, Eismänner Eispickel.
Könige haben Gäste, Zaunkönige Zaungäste.
Fische fressen Wurst, Weißfische Weißwurst.
Esel fressen Beeren, Maulesel Maulbeeren.
Würmchen trinken Wein, Glühwürmchen Glühwein.
Suppen haben Augen, Hühnersuppen Hühneraugen.
Maurer trinken Bier, Freimaurer Freibier.
Aber:
Tragen Tiere Schuhe? Schnabeltiere Schnabelschuhe?
Tragen Hunde Hemden? Kettenhunde Kettenhemden?
Tragen Hunde Hosen? Windhunde Windhosen?
Fressen Rösser Nudeln? Dampfrösser Dampfnudeln?

Warum tragen so viele Menschen Sitzgelegenheiten und Musikzeichen mit sich herum?

Wer hat Zähne und kann nicht beißen?

Was muß, bevor man es dir gibt, von dir genommen werden?

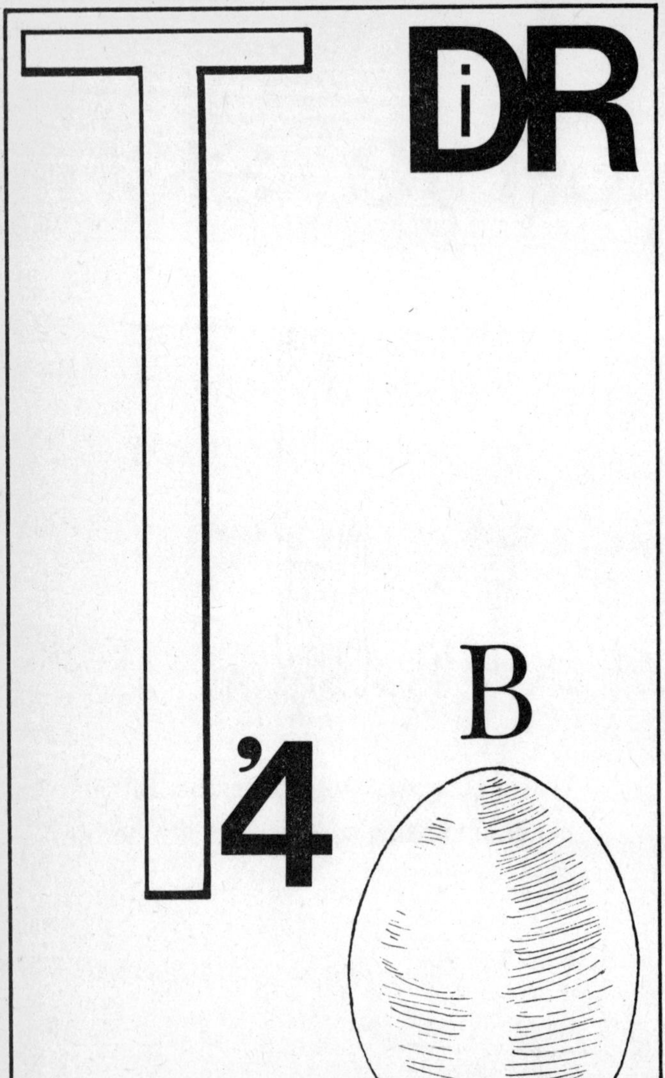
T
DR
i
'4
B

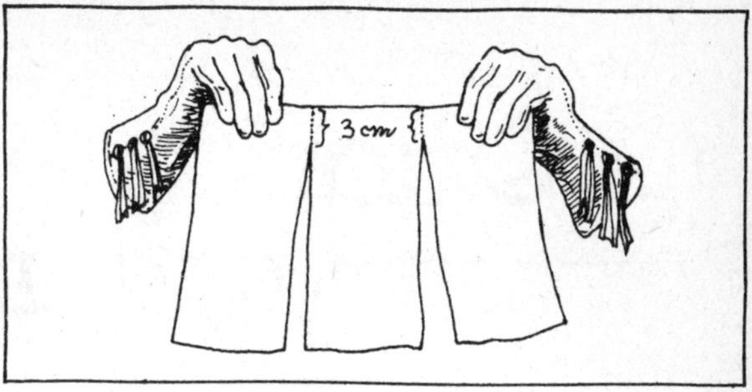

Ich wette, daß du ein Blatt Papier nicht in drei Teile zerreißen kannst!

Aufgabe: Falte ein Blatt Papier in drei gleiche Teile. Lege es wieder auseinander und reiße oder schneide die Faltlinien bis auf jeweils 3 cm ein. Versuche nun, das Blatt in drei Teile zu zerreißen. Faß dazu die beiden äußeren Streifen am oberen Ende an und versuche, das Papier so zu ziehen, daß der mittlere Streifen herunterfällt und du drei einzelne Papierstreifen hast.

Trick: Deine Stärke ist hier Schwäche. Wie alle Materialien, gibt Papier am schwächsten Punkt nach. Die beiden Risse, die du ins Papier gemacht hast, sind Schwachstellen. Selbst wenn es so aussieht, sind sie nicht haargenau gleich; es ist unmöglich, das hinzukriegen. Wenn du ziehst, gibt der schwächere Teil zuerst etwas nach und wird noch schwächer. Beim weiteren Zerreiß-Versuch wird deine Kraft direkt auf diese Stelle gelenkt, bis sie ganz durchreißt. Die beiden anderen Teile hängen noch zusammen.

Mach Quadrate draus

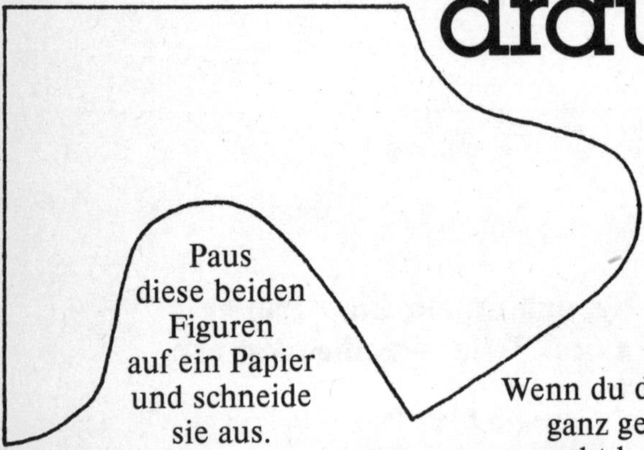

Paus
diese beiden
Figuren
auf ein Papier
und schneide
sie aus.

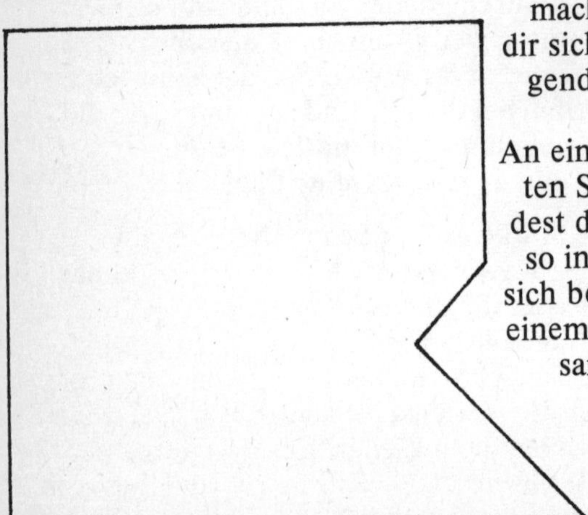

Wenn du das alles ganz genau gemacht hast, wird dir sicher auch folgendes gelingen:

An einer bestimmten Stelle schneidest du jede Figur so in 2 Teile, daß sich beide Teile zu einem Quadrat zusammensetzen lassen.

Probier's mal!

Wenn die ersten 2 Figuren zu leicht waren, dann versuch's doch mal mit den beiden anderen. Schneide sie wieder nur 1 mal grade durch und setze sie zu Quadraten zusammen.

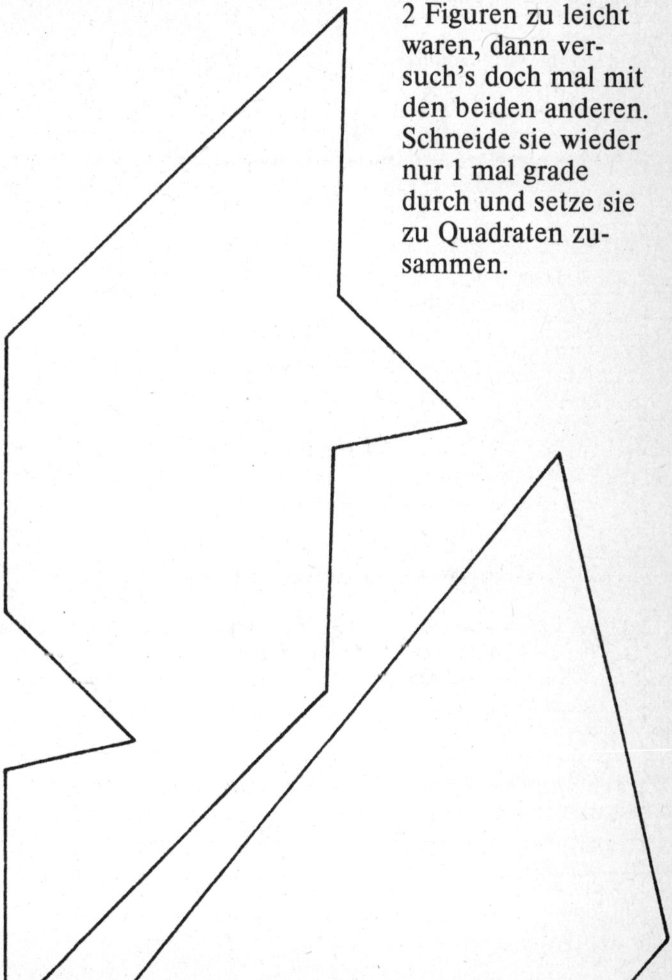

Wußtest du schon, daß . . .

. . . der Spruch: *Sich regen bringt Segen,* erstunken und erlogen ist? (Es handelt sich hierbei um eine Verfälschung der Weisheit: Regen bringt den Feldern Segen)

. . . in Büchern mit sehr kleinen Buchstaben viel mehr zur Sprache kommt als in Büchern mit großem Druck? (Ebenso bei gleich dicken Büchern, wenn eines dünneres Papier hat)

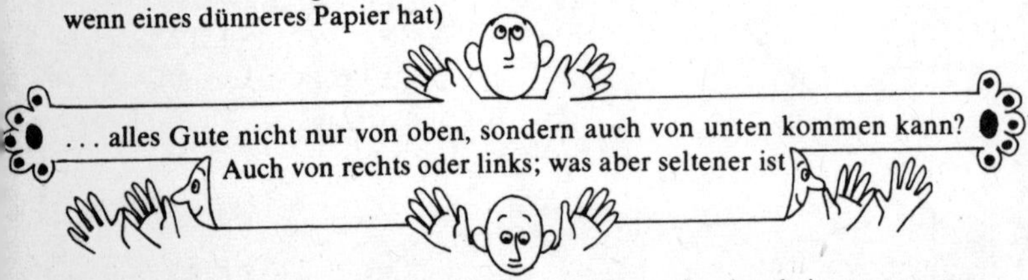

. . . alles Gute nicht nur von oben, sondern auch von unten kommen kann? Auch von rechts oder links; was aber seltener ist

. . . der Suppenkaspar wirklich gelebt hat? (Er wurde aber keineswegs von Tag zu Tag magerer, sondern die Geschichte verhielt sich gänzlich umgekehrt. Durch Gammis Suppenwürfel wurde er von Tag zu Tag runder. Und nur wegen eines Rechtsstreites mit der Firma Gammi verschwieg der Autor des Buches den wahren Sachverhalt)

. . . auch Lügen sehr lange Beine haben können? (Die Lüge mit den längsten Beinen: Lügenknie bis Lügenknöchel, ungelogen 1,47 m)

. . . ein Schwur mit überkreuzten Fingern zwar tatsächlich nicht eingehalten werden muß, ein solcher mit überkreuzten Beinen aber schon? (Aus: Neue und frisch überarbeitete Anstandsregeln für Banden, Klassengemeinschaften und Kinderhorte)

. . . Geld nicht stinkt, aber sehr schlecht schmeckt? (Besonders ältere und abgegriffene Banknoten)

. . . Erbkrankheiten nicht zur Erbmasse gehören? (Womit also auch sämtliche Erbschaftssteuern entfallen)

. . . Souvenirs aus München meist in Hongkong hergestellt werden, Souvenirs aus Hongkong jedoch nie in München erzeugt werden?

. . . Rotzkocher, keineswegs ein Kochgerät für Nasensekrete, sondern ein alter Vulgärausdruck für Pfeife ist? (Wehrle-Eggers: Deutscher Wortschatz, Seite 377)

... Ameisen nur irrtümlich und sehr ungern in Menschenbekleidung kriechen und heilfroh sind, wenn sie ohne Schaden zu nehmen wieder entkommen können?

... fast neunzig Prozent der Erdbevölkerung von unsichtbaren Hautkrankheiten befallen sind, die, da sie auch nicht jucken oder sonstwie auffallen, statistisch nicht genauer zu erfassen sind?

... durch das neuerdings aufgefundene Testament von Adam Riese nun eindeutig feststeht, daß sich Herr Adam Riese schon seinerzeit von der Mengenlehre eindeutig distanziert hat?

... die längste Rohrpostleitung der Welt im Kreis verlegt wurde und im Vorzimmer des Hofrats Speiserl sowohl ihren Anfang als auch ihr Ende nimmt?

... alle Kleinkinder Genies sind, die Bezugspersonen – Eltern, Geschwister, Kindergartentanten – dies aber aus hinterhältigen und eigensüchtigen Gründen verheimlichen?

... manche Menschen manche Menschen manchmal auf der Straße einfach nicht wiedererkennen und daher nicht grüßen und dadurch ungerechtfertigterweise für hochmütig gehalten werden?

... der Spruch: Was Hänschen nicht lernt, lernt Hans nimmermehr!, einfach lächerlich und durch nichts zu beweisen ist? (Wie neue Forschungen ergaben, hat ihn ein Fritz geprägt, dessen Bruder Hans tatsächliche Lernschwierigkeiten hatte. Von der gleichen Person wurde auch der Spruch geprägt: Was Fritzchen nicht lernt, lernt Fritz immer noch! Dieser Spruch geriet jedoch in Vergessenheit)

... der Hofhahn in den meisten Fällen zu allen Hennen nur „gigi" sagt, was soviel heißt wie „Frau", während die Hennen für ihren Hofhahn alle möglichen Namen haben, wie etwa „gog" oder „gog-gok" oder „gak".

... Hunde häufig Menschen beißen, aber ganz selten Menschen Hunde beißen?

● **Vier fehlen noch** Vier Buchstaben sind in jede Hauptwortverbindung so einzuschieben, daß sich ein vollständiger Begriff ergibt. Der erste und der letzte Buchstabe in einer Zeile sind Kopf und Schwanz des ganzen Begriffes, die beiden mittleren Buchstaben bilden Schwanz und Kopf der beiden Hauptwörter. Die ergänzten Wörter sind allgemein bekannte Begriffe aus der Umgangssprache (ein Punkt = ein Buchstabe).

. AMME . . EIN .
. ELLE . . ADE .
. TERNE . . IMME .
. ODE . . ODE .
. ANNE . . AR .
. RACHE . . UR .
. RATE . . UNKE .
. LASCHE . . EIS .
. EDE . . ESSE .
. EIBE . . EIN .
. ASCHE . . ESSE .
. ASSE . . NARR .
. EINE . . LEIDE .
. EI . . ARBE .
. ICH . . LAMM .
. ACH . . FLAUM .
. ESPE . . ES .
. EI . . AFFE .
. TRASSE . . RABE .
. FUND . . ER .

UN
D
E
DHR

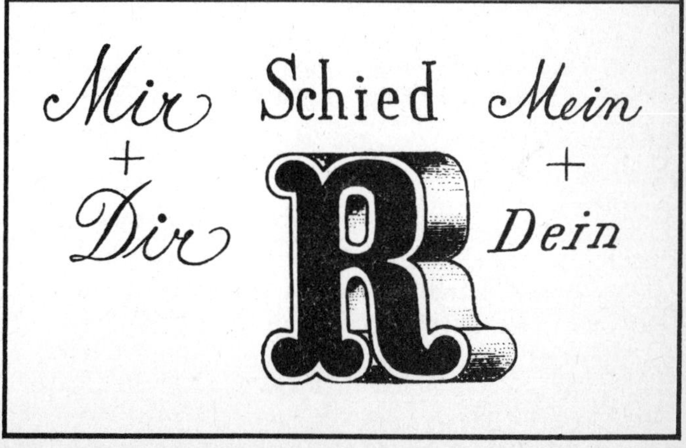
Mir
+
Dir
Schied
R
Mein
+
Dein

Aus der Tierwelt

„Ist das Ihr Hund, der da jede Nacht bellt?"
„Ja – meinen Sie, ich hätte die Zeit dazu?"

Ein Briefträger kommt ins Krankenhaus, weil ihn ein Hund gebissen hat.
„Haben Sie etwas draufgetan?" fragt die Krankenschwester.
„Nein", antwortet der Briefträger, „er mochte mich ohne alles . . ."

Susanne ist traurig: „Stell dir vor, unser Hund ist entlaufen!"
Bernd weiß Rat: „Gebt doch eine Anzeige auf."
„Das nützt nichts. Er kann nicht lesen!"

Schildkröte, Frosch und Tausendfüßler haben sich im Lokal verabredet. Schildkröte und Frosch sind pünktlich erschienen, nur der Tausendfüßler läßt auf sich warten. Schließlich kommt er ganz erschöpft herein.
„Wo warst denn so lange?"
„Könnt ihr denn nicht lesen? Draußen an der Tür hängt ein Schild: Bitte Füße abwischen!"

„Wie viele Elefanten passen in deinen VW?“
„Vorne zwei und hinten drei.“
„Und wie viele Giraffen passen in deinen VW?“
„Keine mehr. Das Auto ist doch schon besetzt.“

„Woran erkennt man, daß ein Elefant im Haus wohnt?“
„An dem VW vor der Tür.“

„Mama, was sind das für Tiere?“ fragt ein Großstadtkind seine Mutter.
„Das sind Schweine, mein Kind!“
„Und wie nennt man sie, wenn sie gewaschen sind?“

Zwei Hunde sehen, wie Arbeiter eine neue Straßenlaterne aufstellen. Sagt der eine Hund zum anderen: „Komm, das muß begossen werden!“

„Stimmt es, Sepp, daß du einen ganz faulen Hahn zu Hause hast?“
„Ja, das stimmt. Wenn die anderen Hähne morgens mit dem Krähen anfangen, dann nickt er nur zustimmend mit dem Kopf.“

Ein kleiner Junge geht mit seiner Mutter an einer Tierhandlung vorbei und sieht im Schaufenster ein Vogelbauer voll grüner Ziervögel.
„Schau, Mama, da gibt es unreife Kanarienvögel!“

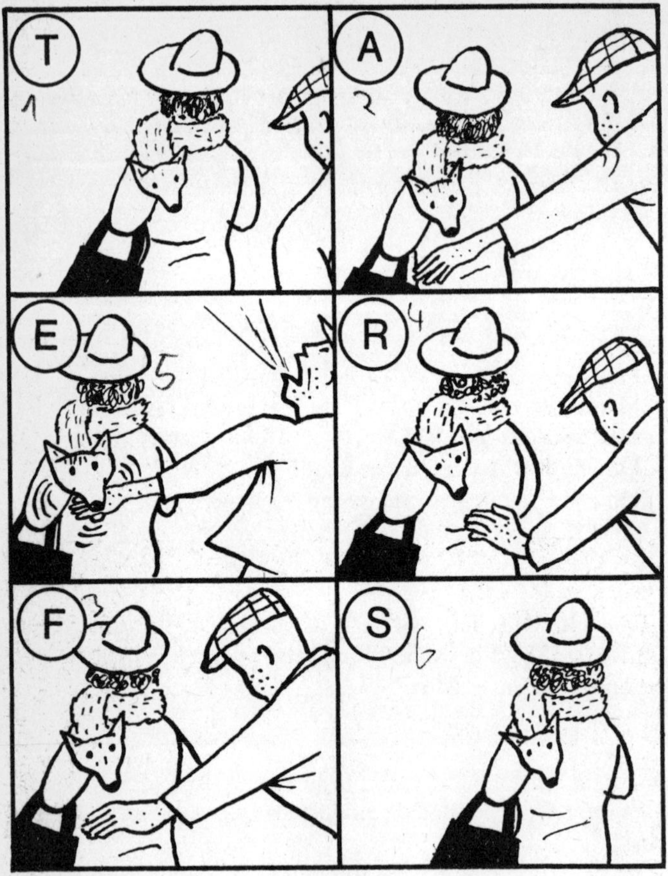

Erfahrung tut weh

Erfahrung ohne Klugheit, sagt der Weise, tritt als blinder Gaul ein Rad. Wer wie dieser hier im Bilde Erfahrungen sammeln will, muß sich auf einiges gefaßt machen, bevor man ihn faßt. Doch was ihm dann blüht, das erfährt, wer die Geschichte vom Anfang bis zum Ende verfolgt und die Buchstaben in der Bilderfolge mitliest.

Rätselspinne

In die Kreissektoren 1 bis 12 sind von außen nach innen zwölf Wörter mit jeweils fünf Buchstaben der erfragten Bedeutung einzutragen. Alle Wörter haben einen gemeinsamen Endbuchstaben. Die Anfangsbuchstaben – von 1 bis 12 gelesen – ergeben einen vollen Tag. Diese 49 Buchstaben sind einzufüllen: A – A – A – A – A – B – C – D – D – D – D – E – E – E – E – E – E – E – G – G – G – G – H – I – I – I – K – L – L – M – N – N – O – O – P – P – R – R – R – R – R – R – S – S – T – U – U – U – V

1 schwarzes Pferd
2 Stadt in Oberitalien
3 Rest
4 Hunderasse
5 urzeitliches Gewässer
6 Gartenunkraut
7 Arzneimittel
8 Fluß in Frankreich
9 Forstgehilfe
10 Harnsäuresalze
11 Gartengerät
12 deutscher Erzähler († 1910)

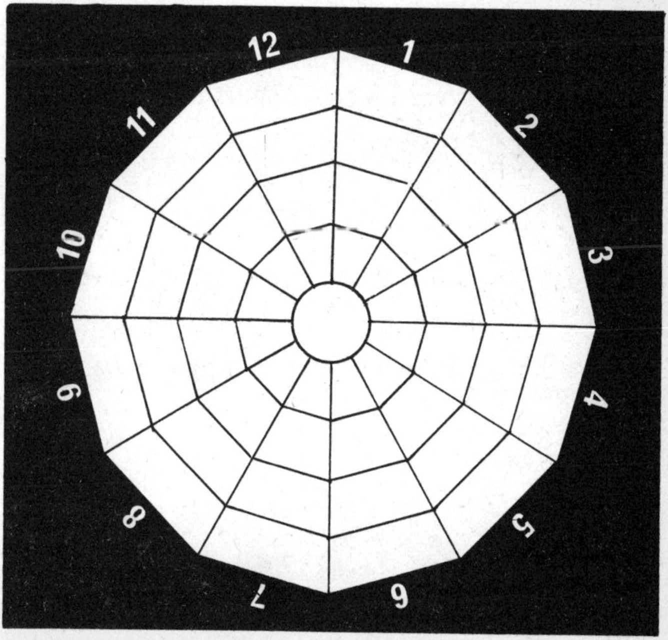

Wer war der größte Kaufmann im 19. Jahrhundert?

Was wird bis oben hin gefüllt und bleibt doch leer?

Was kann die Sonne auf der Erde nicht bescheinen?

Was hat der Arme, was der Reiche nicht hat, was der Verschwender spart und der Geizige gibt?

Hans erzählt, er sei beim Äpfelpflücken von der neun Meter hohen Leiter gefallen, ohne Schaden zu nehmen. Wie ging das zu?

S= Bhof

Warum sind die größten Leute die faulsten?

Wohin schlägt jeder Mensch den ersten Nagel?

Wer kann fünf aufeinanderfolgende Wochentage nennen, in denen kein a vorkommt?

Wie groß ist die Differenz zwischen 0,9 und 0,10?

Wer war der erste Selterswasser-Fabrikant?

Wer wird früher müde: du oder der dich trägt?

● **Parklücke** Für jede Zeile gilt es, ein passendes Hauptwort zu finden und so in die Mitte „einzuparken“, daß ein sinnvolles, dreiteiliges Hauptwort entsteht. Alle zwölf fehlenden ein- und zweisilbigen Hauptwörter sind allgemein gebräuchliche Begriffe aus der Umgangssprache, die sowohl mit dem linken als auch mit dem rechten Nachbarwort allein sinnvolle Wörter ergeben müssen. Ein Punkt = ein Buchstabe. Sind alle zwölf neuen Wörter in die Parklücke eingeschoben, ergeben ihre Anfangsbuchstaben – von oben nach unten gelesen – eine Sentenz von Heraklit, die das andeutet, was Ludwig Börne rund 2300 Jahre später in die Worte kleidete: „Nichts ist dauernd als der Wechsel.“ (Beispiel: Auto-. . . .-Licht; das gesuchte Wort heißt „Park“, das ergibt: Autopark, Parklicht, Autoparklicht.)

HAUPT- . . . -MANN

LACK- . . . . . . -SCHUH

KUGEL- . . . . . . -HAUS

KORN- . . . . . . -KRANZ

WASSER- . . . . . . -UHR

FÜLL- . . . . . . -HALTER

BAU- . . . . -GEBIET

SEE- . . . . -FISCH

TREU- . . . -BRUCH

DRAHT- . . . . -ZIEHER

EIS- . . . . . . -STADION

RAUB- . . . . -BAU

Elfte Runde

Panne über Panne

Wieviel Pannen gibt es bei Familie Pechvogel in Minutenschnelle? Wo beginnt die fatale Geschichte? Wo endet sie? Und was passiert da alles? Der richtige Ablauf ergibt ein Wort – an den Buchstaben abgelesen –, wie eine solche Folge von Pannen auch genannt wird.

Lob der Endbuchstaben

Ich kenne einen, der will die Endbuchstaben abschaffen. Aber ohne Endbuchstaben ist unsere deutsche Sprache ohne Saf und Kraf, ohne Sal und Schmal.

Was werden wir tun, wenn wir in Wal und Fel, in Hau und Ho, bei Ta und Nach lauter Wörtern ohne Endbuchstaben begegnen?

Nein, das halte ich nicht au!

Mit Kin und Kege mit Sac und Pac müßte ich das Lan verlassen.

Weil ich aber gern hier bleiben möchte, werde ich die Endbuchstaben verteidigen mit Gu und Blu.

Hier findest du die oben fehlenden Endbuchstaben

Denknüsse

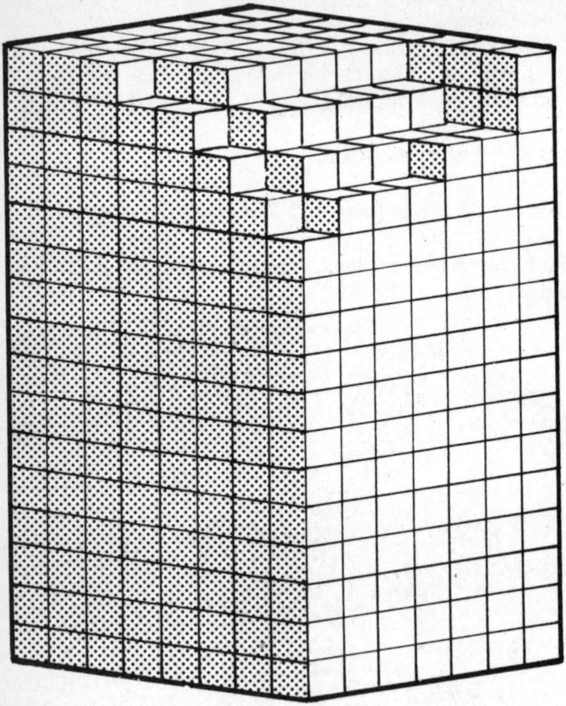

Hallo Baumeister! Der große unvollständige Würfelblock soll mit einem der kleineren Würfelblöcke (rechts) komplett aufgefüllt werden. Muß man nun Würfelchen für Würfelchen in den großen Block einfügen, oder kann man sofort einen zusammenhängenden Würfelblock auf einmal einbauen – welchen?

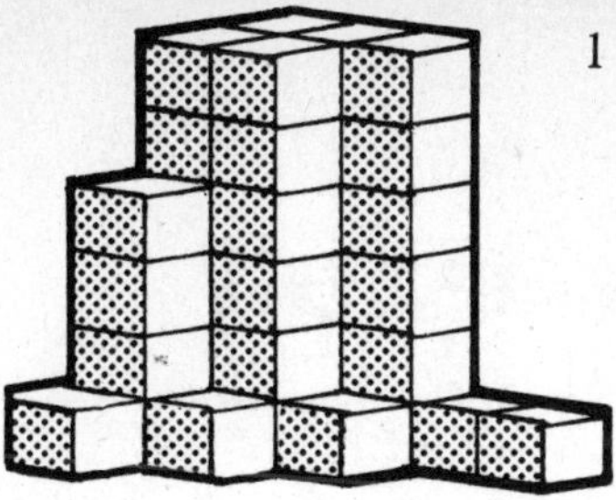
1

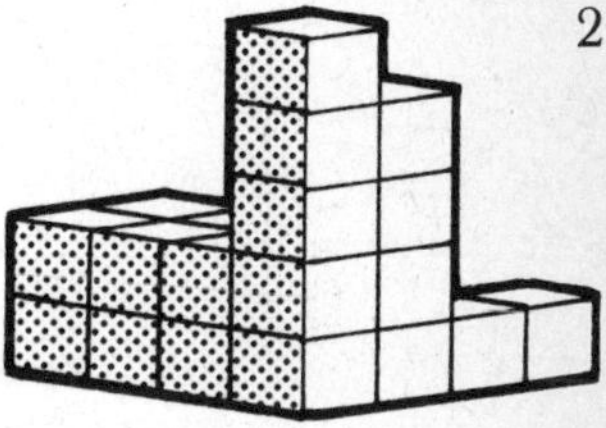
2

3
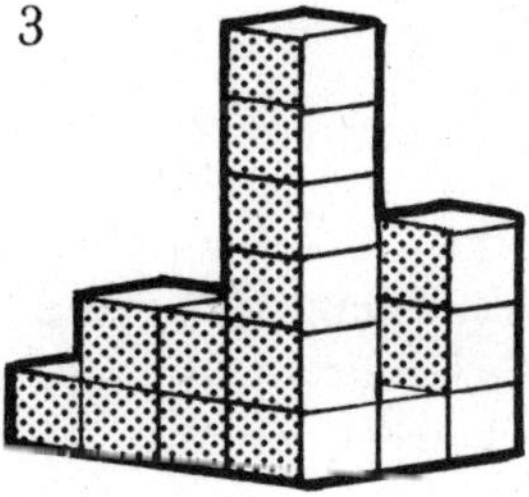

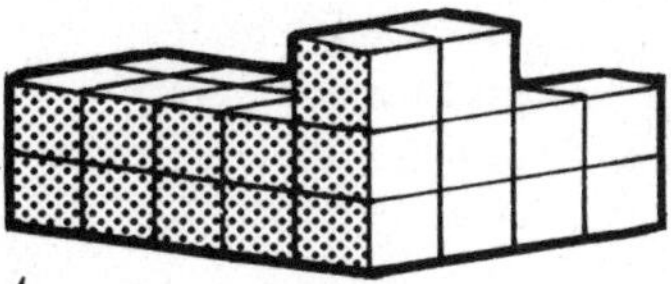
4

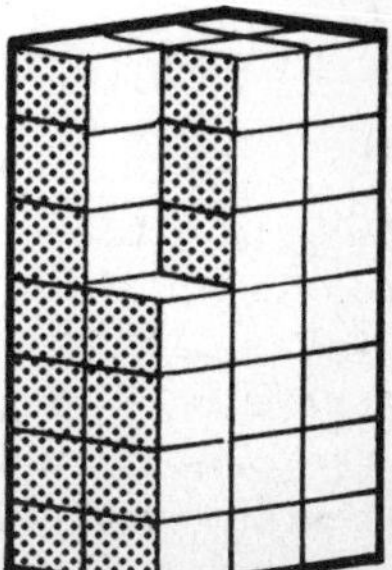
5

Musik liegt in der Luft

Der Mieter ruft ins Treppenhaus: „Hören Sie bloß mit dem verdammten Trompetengespiele auf! Ich werd sonst verrückt."
Antwort: „Zu spät! Ich hab schon vor einer Stunde aufgehört."

Ein ortsfremder Musikfreund eilt über den Odeonsplatz und fragt einen Passanten: „Ach bitte, wie komme ich am schnellsten zu den Philharmonikern?"
„Üben, mein Herr, üben!"

Ein Kritiker zu einem anderen: „Haben Sie bemerkt, wie herrlich die Stimme der Sängerin den Saal ausfüllte?"
„Ja. Allerdings sind auch viele Leute gegangen, um der Stimme Platz zu machen . . ."

Galaaufführung in der Oper. Die Platzanweiserin fragt Herrn Eberle: „Brauchen Sie ein Textbuch?"
Eberle: „Nein danke! Wir wollen nicht mitsingen!"

NOBERT
Taub

Der schelmische Mond treibt sein neckisches Spiel: welcher

von beiden ist größer, der links unten oder der rechts oben?

264

```
öZRiJ ÖozrR ÖVdöG
ErNUr DöGeE öS7Zg
eVWeR gUKdr ÖBsWe
bJÖek
```

Geheimtipp

Alle deutschen Schreibmaschinen haben die gleiche Tasteneinteilung. Darum kann man ein Verfahren für Geheimschrift entwickeln, das einfach, schnell und ohne großen Aufwand möglich ist.

Anwendung: Die vier Tastenreihen jeder Schreibmaschine haben eine ungleiche Anzahl von Tasten. Wir brauchen von jeder Reihe nur zehn Tasten. Die Überzähligen rechts außen entfallen. Der Witz des Verfahrens ist, daß für jede Taste vier „Stellvertreter" vorhanden sind. Für E zum Beispiel – siehe Bild – sind die vier stellvertretenden Tasten: genau darüber 3, genau darunter D, links daneben W, rechts daneben R. Man muß sich nur merken, daß die **linken** Stellvertreter für die Randtasten **links** außen (das sind 1 Q A Y) die Randtasten **rechts** außen sind (also: + P Ö –). Für den Geheimtext – siehe oben – dient Dir der linke Stellvertreter als Schlüssel. Nun kannst Du herausbekommen, welche geheime Botschaft hier verschlüsselt ist.

Tip: Als Stellvertreter können auch die rechten, die oberen oder die unteren Tasten dienen. Merke auch hier, daß die **rechten** Stellvertreter der Randtasten **rechts** außen die Tasten **links** außen sind; die **oberen** Stellvertreter der obersten Reihe sind die der **untersten** Reihe; während die **unteren** Stellvertreter der untersten Reihe die der **obersten** Reihe sind. Das klingt nur kompliziert, lernen läßt sich das schnell, wenn man ein bißchen übt.
Vorteilhaft kann man Fremde irreführen, wenn man den chiffrierten Text in Gruppen von je 5 Buchstaben einteilt und wenn man durch willkürlichen Anschlag der Tasten mal kleine, mal große Buchstaben wählt.

265

Was bin ich?

Uhrzeiger

Flügelmutter

Wagenheber

Gabelroller

● **Bist Du groschen-fest?** Tausende Male haben wir Groschen in den Fingern gehabt. Haben wir jemals die Echtheit eines Zehnpfennigstückes angezweifelt oder es immer für bare Münze genommen? Warum eigentlich? Wer seiner so sicher ist, müßte auf Anhieb die richtigen von den falschen Behauptungen herausfinden. (Bitte, lasse Deinen Groschen vorerst noch im Portemonnaie!)

1 Der Groschen hat einen Durchmesser von 19 mm.
2 Er ist kleiner als ein „Fünfziger".
3 Die Umschrift auf der Kopfseite (oben) lautet: „Bundesrepublik Deutschland".
4 Der Adler auf der Wappenseite (unten) blickt nach links – vom Adler aus gesehen!
5 Der Groschen ist so dick wie ein Markstück.
6 Das Münzzeichen des Prägeortes befindet sich unter der Wertangabe zwischen zwei Eichenblättern.
7 Die Schrift auf dem Münzrand lautet: „Einigkeit und Recht und Frechheit".
8 Der Wert (10 Pfennige) ist auf der Kopf- wie auf der Wappenseite je einmal angegeben.
9 Das Wort „Pfennig" ist in Groß- und Kleinbuchstaben geprägt.
10 Die Angabe des Prägejahres befindet sich über der Zahl „10".

● **ZEITliches** Ernsthafte und weniger ernsthafte Fragen über den Jahreslauf und was sich in dessen Verlauf so ergibt.

1 In welchem Monat kreist die Erde weniger um sich selbst und um die Sonne?
2 Kann man innerhalb der Woche zwei aufeinanderfolgende Tage ohne a nennen?
3 Warum ist der kürzeste Monat der lustigste?
4 Wann haben die Franzosen das Jahr mit dem Oktober begonnen?
5 Warum braucht der Feldhase neun Monate Schonzeit, der Schneehase aber keine?
6 Wenn der Monat mit einem Sonntag beginnt, mit was hört er auf?
7 Wenn der Montag der kürzeste Tag der Woche ist, welches ist dann der längste?
8 Wann tragen die Leute ihre Kleider kürzer?
9 Warum wäre Dir ein Jahr mit 13 Monaten lieber als mit 12?
10 Wenn der September der längste Monat ist, welcher ist dann der kürzeste?

11 Wer feiert Neujahr im September?

12 Kann man die sieben Tage der Woche ohne Namensangabe nennen?

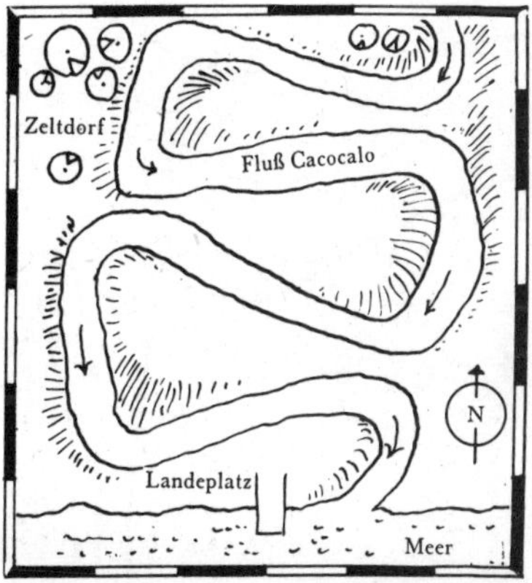

● **Fischbeute heimbringen** Der Frühling war dem Stamme der Whitefoot-Indianer gnädig gesonnen. Sie hatten neues Weideland und Zeltplätze erkundet und am Ufer des Flusses Cacocalo bezogen. Das weite Land in Meeresnähe versprach reichlich Wild und Fischfang. Flußabwärts, so hatten die Kundschafter ausfindig gemacht, konnten ihre wendigen Kanus den schlangengleichen Fluß ungehindert durcheilen und ins offene Meer gelangen. Wie aber sollten sie die mit Fischen schwerbeladenen Boote wieder heimwärts ins Zeltdorf bringen? Gegen die Strömung des Flusses? Oder mußten sie die schweren Boote über Land schleppen?
Drei Tage und Nächte brütete ihr Häuptling Pfeilgeschwind über dem Problem. Dann rief er die Klügsten seines Stammes zusammen und verkündete: „Hört mich an, meine roten Brüder, der Große Manitu hat mich erleuchtet!“ Bei diesen Worten deutete Pfeilgeschwind auf den Lageplan. „Seht her ...“, begann er seine bedeutsame Rede und zeigte ihnen den einzig möglichen Rückweg vom Landeplatz am Meer über den Fluß ins Dorf. Wie verläuft er?

Schüttelreime

Frißt Glaspapier ein Windhund,
wird er später hint wund.

Weil Bäume sie die Menge hatten,
schliefen sie stets in Hängematten.

„Will keinen Brei, will schwarzen Wein“,
schrie das kleine Warzenschwein.

Sie saßen in dem Schrebergarten,
bis sie sich um die Gräber scharten.

Die Jäger werden pirschen kaum,
sie schlafen unterm Kirschenbaum.

Beim Zahnarzt in den Wartezimmern
hört man häufig Zarte wimmern.

Füttert ihn nicht mit Kümmelbrot,
ihr habt sonst nichts als Brümmelkot . . .

Als Zoologen tappen wir
ratlos um ein Wappentier.

Denkt: Im grauen Häuserlmeer
lebt ein graues Mäuserlheer . . .

Der Hunnen König, Etzel-Recke,
lebt nur noch in der Rätselecke.

Die Jungfrau sagt im Mondschein:
Nicht länger, Ritter, schont mein!

Im Hotel „Zur Seerose"
ißt man die beste Rehsoße.

Der einst die Hottentotten schor,
ist jetzt Friseur beim Schottentor.

Denkst du an unsern flinken Scheckerl?
Da liegt er nun als Schinkenfleckerl.

Sie erschlug den fiesen Rächer
behende mit dem Riesenfächer.

Es graust vor nichts dem Bademeister:
in die dickste Made beißt er.

Wie ein volles Bierfaß
schob seinen Bauch er fürbaß.

Ich wette, daß du eine Kerze nicht durch einen Trichter ausblasen kannst!

Aufgabe: Stell eine brennende Kerze auf den Tisch. Nimm einen Trichter an den Mund und halte ihn in einigem Abstand so vor die Kerze, daß die Flamme vor der Mitte der weiten Öffnung ist. Blase die Kerze aus.

Trick: Du kannst blasen und pusten soviel du willst, die Kerze geht nicht aus! Statt dessen flackert sie zum Trichter hin.

Der Grund dafür ist: Viele Flüssigkeiten haben die Eigenart, entlang einer Oberfläche zu fließen. Bei diesem Trick streicht die Luft, die in den Trichter geblasen wird, an der Trichterinnenwand entlang. Dabei strömt fast keine Luft durch die Mitte. Deshalb erlischt die Flamme nicht.

Daß sich die Flamme zum Trichter hin bewegt, liegt an einer weiteren Eigenart von Flüssigkeiten. Man nennt dies das »Bernoullische Prinzip«. Danach erzeugt die Luft, die entlang der Oberfläche fließt, dicht daneben einen Sog. Wenn du also in den Trichter bläst, entsteht an der Innenwand ein kleiner Überdruck und in der Mitte eine Zone mit geringem Druck. Um den Druck auszugleichen, strömt Luft von außen her in die Trichtermitte. In diesem Luftstrom neigt sich die Flamme deutlich zur Trichteröffnung hin.

271

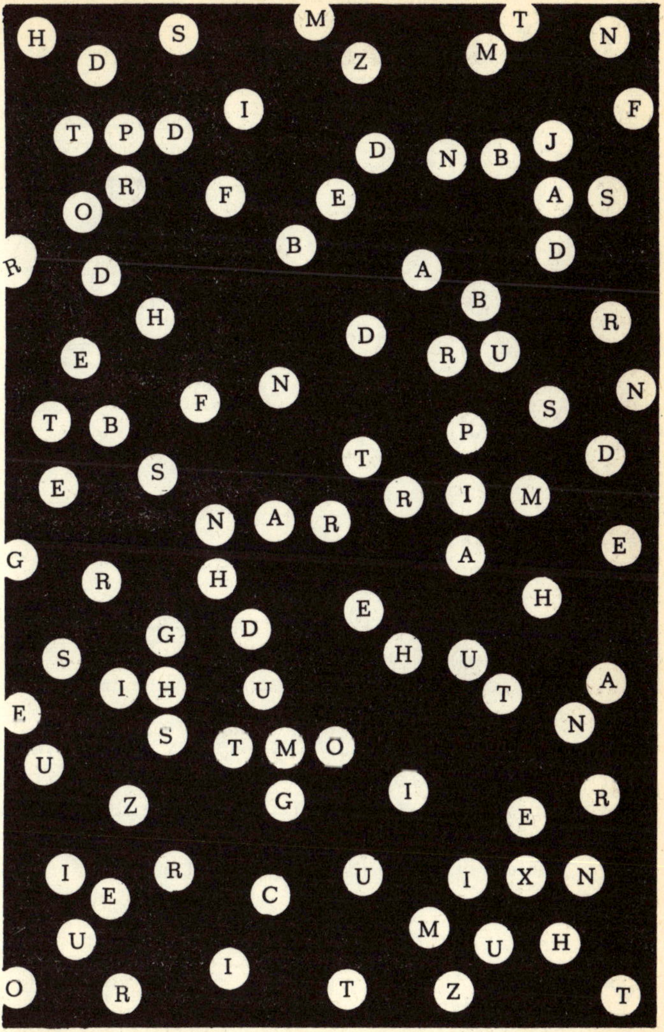

● In diesem Punktemeer ist so ein Punktekreuz versteckt (Abbildung rechts). Der Entdecker kann ein lobendes Wort für sich ablesen. Wo steckt das Punktekreuz?

Allerlei Kurzweil

Schlangen züchten

Teilnehmerzahl: Beliebig
Spielmaterial: Für jeden Teilnehmer eine Zeitung

Beim Schlangenzüchten können beliebig viele mitspielen. Jeder erhält eine auseinandergefaltete Zeitung und beginnt nun, an einer Ecke einen Streifen davon abzureißen. Aber nicht ganz ab, sondern immer rundherum im Kreis, bis schließlich nichts mehr von der Zeitung übrigbleibt! Jetzt zieht eure Papierschlangen auseinander und vergleicht, wer die längste Schlange gezüchtet hat.

Platz suchen

Teilnehmerzahl: Beliebig

Alle sitzen auf Stühlen, die in Kreisform aufgestellt sind. Einer steht als Sucher in der Mitte. Ein Stuhl ist frei. Diesen versucht der Sucher zu besetzen. Die anderen bemühen sich, dies durch Hin- und Herrutschen zu verhindern. Bekommt der Sucher trotzdem einen Platz, so muß der Mitspieler in die Mitte, der zuletzt auf dem gerade leer gewordenen Stuhl gesessen hat.

Platzwechsel

In diesem Fall ist kein Stuhl frei. Der Sucher steht in der Mitte. Auf ein Signal stehen alle auf und wechseln die Plätze. Rutschen gilt nicht! Wer keinen Stuhl erwischt, ist der nächste Sucher.

Der arme Esel

Teilnehmerzahl: Beliebig
Spielmaterial: Augenbinde, ausgeschnittene Eselfigur, Schwanz

Der Esel wird an die Wand geheftet. Einem Spieler werden die Augen verbunden. Dieser muß nun versuchen, den Schwanz des Esels mit einer Stecknadel an die richtige Stelle zu heften.

274

Geistige Nahrung

Manche Menschen werden förmlich geplagt vom Bildungshunger. Andere vom Wissensdurst. Das scheint hier der Fall zu sein. Oder was hat es sonst zu bedeuten, wenn in unserer Geschichte Herr Buchfink einen Klassiker

nach dem anderen aus dem Regal holt? Hat er gar anderes vor, als alle zu lesen? Oder auswendig zu lernen? Findet's heraus! Ordnet die Bilder zu einer zusammenhängenden Geschichte mit Anfang und Ende, denn die Reihenfolge stimmt hier nicht. Die Buchstaben der Bilder, in der richtigen Reihenfolge des Ablaufs gelesen, ergeben eine Ermunterung, der wir uns anschließen. Frage also: Was hat Herr Buchfink mit den vielen Büchern wirklich vor?

Kannst du richtig schätzen?

31 536 000 Sekunden vergehen in
einem Vierteljahr
einem Jahr
zwei Jahren
drei Jahren

100 000 Bleistifte, neuwertig und normal lang, hintereinandergelegt, ergeben eine Gesamtstrecke von
9,4 Kilometer
17,5 Kilometer
30,0 Kilometer
58,9 Kilometer

Wie viele Kartoffeln, nicht ganz faustgroß, geben etwa einen Doppelzentner? Sind es
600 bis 700
1000 bis 1100
1500 bis 1600
1099 bis 2000

Drei Fragen für Markensammler

Die Blaue Mauritius ist eine Kolonialmarke von
Frankreich Spanien Portugal Großbritannien

Der Schwarze Einser ist eine alte und höchst wertvolle Briefmarke von
Württemberg Bayern Sachsen Braunschweig

Die erste deutsche Briefmarke erschien
1786 – 1840 – 1849 – 1856

Zwölfte Runde

Was ist, wenn der Briefträger in den Schnee fällt?

Warum kann das Fernsehen niemals die Zeitung ersetzen?

Wer ist besser dran: das Alphabet oder der Mensch?

Wer war der erste Dichter?

Was braucht das Auto unbedingt, was dem Pferd sehr lästig ist?

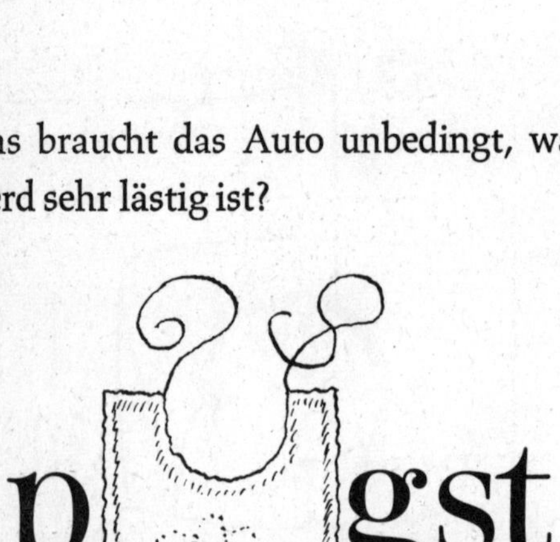

In diesem Verwirrbild ist ein Stern verborgen. Es ist ein regelmäßiges vierstrahliges Gebilde mit etwa vier Zentimeter langen Mittelachsen. Wo befindet sich dieser Stern?

Sagenhaftes

Zwerg Mime ist aus der
Siegfriedsage
Wielandsage
Gudrunsage

Der Vogel Greif entführte
Robert den Teufel
Herzog Ernst
Genoveva

Das Horn Olifant gehörte
Dietrich von Bern
Tannhäuser
Roland

Siegfrieds Schwert hieß
Mimung
Durendart
Balmung

König Rodger ist ein Held aus
der Beowulfsage
dem Nibelungenlied
der Parzivalsage

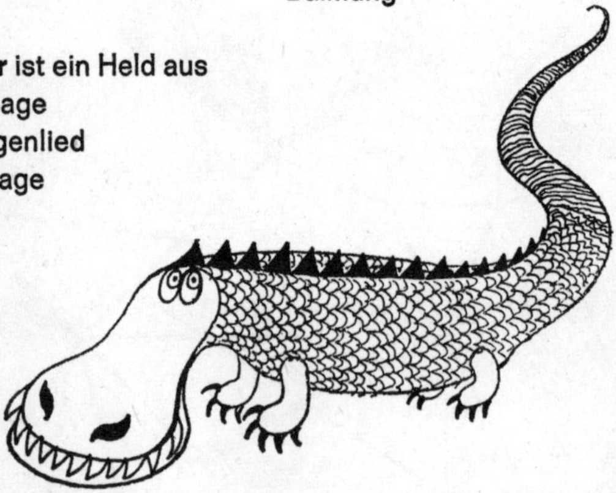

Allerlei Drachen

DRACHEN .... ist die steilste der sieben Kuppen des Siebengebirges.

DRACHEN .... hat etwas mit Zwietracht zu tun. In einer griechischen Sage ist davon die Rede.

DRACHEN .... wachsen auf den Kanarischen Inseln und haben einen Umfang von elf und mehr Metern.

Hier wird's märchenhaft

Zu welchem der jeweils vier Märchen gehören die Gegenstände?

Der goldene Schuh zu
Schneewittchen
Aschenputtel
Rumpelstilzchen
Verwunschene Königstochter

Das sprechende Brot zu
Brüderchen und Schwesterchen
Goldmarie und Pechmarie
Hänsel und Gretel
Der süße Brei

Die Spindel zu
Schneeweißchen und Rosenrot
Tapferes Schneiderlein
Dornröschen
Froschkönig

Die Standuhr zu
Gestiefelter Kater
Rotkäppchen
Bremer Stadtmusikanten
Sieben Geißlein

Dichtes Gedränge in der Fußgängerzone

In so einem dichten Gedränge kann es leicht passieren, daß du deine Leute suchen mußt. Diese Merkmale helfen dir beim Wiederfinden: 1. Dein Freund

trägt eine **Brille** und einen **Schal** um den Hals. 2. Deine Freundin hat ein **Haarband** und eine **Pünktchen-Bluse** an. 3. Die Nachbarsfrau trägt einen **Hut** und ein **gestreiftes Kleid**. - Wirst du deine 3 Leute finden?

Das Finanzgenie

Heike kommt zu ihrer Mutter: „Kannst du mir mal eine Mark geben?“
„Was willst du denn mit der Mark?“
„Jockel und ich spielen Braut und Bräutigam. Und ohne Mitgift will er mich nicht heiraten.“

Der reiche Onkel beantwortet den Brief seines Neffen: „Hier sende ich Dir die erbetenen zehn Mark. Dabei möchte ich Dich auf einen Schreibfehler in Deinem Brief aufmerksam machen: Zehn schreibt man nur mit einer Null.“

Franz beim Krämer: „Für zehn Pfennig Schweizer Käse, bitte!“
Kaufmann: „Weniger als ein Viertelpfund kann ich dir nicht geben!“
Franz: „Danke! Das genügt auch.“

Gustl kommt aufgeregt zum Bauern: „Vater, auf unserer Wiese grast die Kuh vom Nachbarn!“
Der Bauer: „Nicht schreien! Sofort melken!“

Ein kleiner Schotte hat Geburtstag. Opa möchte ein Geschenk machen und hält dem Kind eine blanke Münze und einen Geldschein hin. „Es soll sich aussuchen, was es will“, erklärt er und hofft, daß das Kind zur wertloseren Münze greift. Und das tut es auch. Doch als der Opa die Note wegstecken will, zeigt der Kleine darauf, reicht ihm die Münze und befiehlt: „Einwickeln!“

Karin auf dem Markt: „Was kosten die Honigmelonen?“
Marktfrau: „Zwei Mark achtzig.“
Karin: „Das ist ganz schön viel Geld!“
Nickt die Marktfrau und meint: „Du kannst ja eine halbe nehmen. Die kostet eine Mark fünfzig.“
„Fein!“ freut sich Karin. „Dann nehme ich die andere Hälfte, hier haben sie eine Mark dreißig.“

Jedesmal wenn der kleine Jo auf der Straße ein unanständiges Wort aufgeschnappt hat, gibt ihm seine Mutter zehn Pfennig, wenn er verspricht, dieses Wort nicht mehr zu benutzen. Eines Tages kommt Jo stolz nach Hause: „Mutti, heute hab ich ein Wort gelernt, das ist mindestens fünfzig Pfennig wert!“

Nach dreißig Jahren trifft der Mathematik-Lehrer seinen schlechtesten Schüler, wie der gerade dabei ist, in einen blitzenden Riesenschlitten einzusteigen.
„Ja sagen Sie mal, Hartmann, aus Ihnen ist ja doch noch etwas geworden!“
„Ja“, sagt der ehemalige Schüler stolz. „Ich kaufe Kisten für eine Mark und verkaufe sie weiter für vier Mark, und von diesen drei Prozent kann ich gut leben.“

25 leere Kästchen

	5	2	4	1	3
3					
1					
5					
2					
4					

25233521243414 521121
2451242433 5235341421
5411341421 31113413

Diese geheime Botschaft kannst Du sofort entschlüsseln. Trage zuerst das ganze Alphabet zeilenweise in die leeren Kästchen ein. I und J kommen in ein Kästchen. **Zwei Ziffern bilden immer einen Buchstaben:**

die 1. Ziffer gilt für die waagerechte Zeile,
die 2. Ziffer gilt für die senkrechte Spalte.

Jetzt suche den 1. Buchstaben der Botschaft = 25. Wo Zeile **2** und Spalte **5** sich kreuzen, dort findest Du **Q.** Das ist der 1. Buchstabe der Botschaft. Sie besteht aus sechs Wörtern.

Was bin ich?

Obstmesser

Sterndeuter

Fleischhauer

Hosenträger

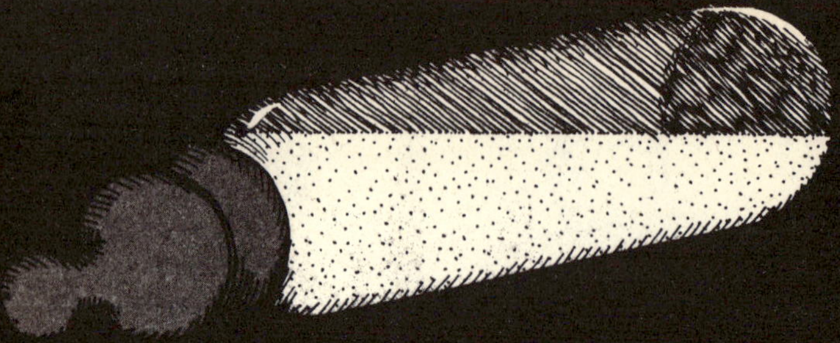

KURZKRIMI

Kriminalkommissar Blech war nervös. Mit Recht. Seitdem bekannt geworden war, daß man Rauschgift in Särgen aus Vietnam nach Amerika geschickt hatte, arbeitete er an einem Abwehrplan gegen Rauschgiftschmuggel. Vorläufig war Blechs Land ein friedliches Land, und die Möglichkeit, Heroin oder anderen Stoff mittels Särgen zu schicken, fiel weg. Aber der Fremdenverkehr! Der machte Blech Sorge. Immer wieder fanden seine Kollegen in Radnaben, Autopolstern, in Werkzeugkästen, in Schuhabsätzen, in Thermosflaschen, zwischen Proviantkörben genug Rauschgift, um öffentliches Lob zu erhalten und befördert zu werden. Die Glücklichen, die Erfolgreichen! Ja, selbst die Suchhunde kamen ins Fernsehen und erhielten einen Kranz Extrawurst, nur er, Kriminalkommissar Blech, ging bisher leer aus.

Was tat Blech? Er ließ sich in den Zollgrenzbezirk versetzen und machte unbezahlte Überstunden. Da sieht man, was Ruhm wert ist!

Blech lauerte am Zollschranken, nahm sich aller verdächtigen Personen an, klopfte die Benzintanks ab, kroch in die Laderäume der Fernlaster – nichts.

Im Grunde war Blech gutmütig, und das sprach sich rasch herum. Besonders bei den Leuten im kleinen Grenzverkehr. Sie grüßten ihn, sie klopften ihn auf die Schulter: Hausfrauen, die im Nachbarland einkauften, reichten ihm ihre Babys aus dem Auto, weil es im Wageninneren zu heiß war, und Blech trug sie eigenhändig hinüber zu seinen Kollegen jenseits der Grenze; verzweifelte Väter überantworteten ihm ihre plärrenden Kinder, die er mit Bonbons versorgte und an der Hand ins fremde Land geleitete. Ein wahrer Freund und Helfer, und Blech erhielt den Beinamen: der Gütige.

So ging das viele Wochen, und Blechs Güte wurde Legende; es kamen Fremde aus aller Herren Ländern und wollten sich nur von ihm durchsuchen lassen, und an besonders starken Reisetagen hatte Blech eine ganze

Schar Kinder um sich, die er mit Limonade und Süßigkeiten versorgte und die mit ihm zwischen den Grenzen hin und her tollte.

Bis Blech eines Nachts die Entdeckung des Jahres – was heißt des Jahres, des Lebens – machte. Ein Silowagen mit Industriezucker. Blech stutzte. Industriezucker? Einfuhr in sein Land, das bisher Zucker in jeder Form ausführte? Blech witterte Gefahr. Er ließ die Deckel öffnen, er schöpfte einen Löffel des weißen Pulvers aus dem Silowagen und schnupperte daran: es duftete chemisch; Blech wagte einen weiteren Versuch und steckte seine Zunge hinein – und spuckte. Es schmeckte auch chemisch.

„Was ist das?" fuhr er den Fahrer an.

„Industriezucker", antwortete der, „wie es in den Ladepapieren steht."

„Die sind gefälscht", sagte Blech, „und Sie sind ein Halunke."

„Ich werde mich über Sie beschweren!" rief der aufgeregte Fahrer.

Aber Blech blieb hart und unbeugsam, sein Gewissen und sein Pflichtgefühl waren durchdrungen von der beispiellosen Einmaligkeit seiner Entdeckung, und er dirigierte den Silowagen in die nächste Schottergrube, ließ das weiße Pulver auspumpen, mit Benzin übergießen, und setzte es eigenhändig in Brand. Auf dem Kilometerstein 2,7 saß der Fahrer und weinte.

„Weinen Sie nur", sagte Blech, „das hilft Ihnen gar nichts. Das kostet Sie mindestens zehn Jahre."

Dann fuhren sie zum Zollgebäude. Dort stand der Zollamtsoberinspektor und sah Blech aus trüben und traurigen Augen an.

„Zack will Sie sprechen", sagte er und ließ Blech allein.

Blech telefonierte, und was er zu hören bekam, machte ihn mutlos und verwirrte ihn. Er kaufte im Zollfreiladen noch alle Zuckervorräte auf und brachte sie mit einem Schubkarren dem Fahrer, der wieder auf dem Kilometerstein 2,7 saß und melancholisch die rauchenden Überreste des ehemaligen Zuckerberges betrachtete. Aber der volle Schubkarren konnte ihn nicht aufheitern. Auch Blech verfiel zusehends, und eine halbe Stunde später holte ihn ein Rettungswagen, um ihn in die Nervenheilanstalt „Frohsinn" einzuliefern.

Am nächsten Tag machte ein Kollege von Blech eine ungeheuerliche Entdeckung, als er mit seinem Spürhund King zwischen den Grenzen patrouillierte. King fiel alle Kinder an, riß ihnen Haschisch aus den Windeln, zerbiß viele hundert Milchfläschchen, aus denen weißes Pulver rieselte, zerfetzte Puppen und Teddybären, deren Bäuche mit Heroin gefüllt waren. Es war ein fürchterlicher Anblick. Tausende Eltern weinten. Nicht nur um den weißen Stoff. Auch um Blech, den Gütigen. Der aber war mit daran schuld, daß Papis und Mamis hinter Schloß und Riegel mußten, und er war auch die eigentliche Ursache der beginnnenden Zuckerkrise.

Seither hat man von Blech nichts mehr gehört. Die Polizei ist um einen Freund und Helfer ärmer.

G–S

Welche Schuhe zerreißen nie an den Füßen?

In welchen Kleidern geht die Sonne unter?

Was ist nicht drinnen und nicht draußen?

Warum riefen die Nachtwächter: „Hört, ihr Herrn, und laßt euch sagen ...“

Welcher Fisch hat vorn ein starkes Tau?

Was macht den Schmerz so unangenehm?

Ich wette, daß du zwei Bleistiftspitzen beim ersten Versuch nicht zusammentreffen lassen kannst!

Aufgabe: Nimm in jede Hand einen spitzen Bleistift. Halte die Hände etwa in Augenhöhe einen halben Meter auseinander, die beiden Spitzen zeigen gegeneinander. Schließ ein Auge und laß es zu, während du die Spitzen zusammenführst.

Trick: Deinem Auge kannst du also auch nicht immer trauen! Bei dieser Wette fehlt ihm die »binokulare« (d. h. mit beiden Augen zugleich) Sehkraft. Nur mit beiden Augen ist es möglich, räumliche Tiefe sofort deutlich wahrzunehmen. Ist aber ein Auge geschlossen, kommt diese vertraute Wahrnehmung der Tiefe nicht zustande. So entstehen Fehleinschätzungen, besonders wenn zwei Gegenstände so nah beieinanderliegen wie diese Bleistifte. Und wenn die Zielpunkte so winzig sind wie die Bleistiftspitzen.

Nach mehreren Versuchen klappt es dann doch, weil inzwischen das eine Auge neue Möglichkeiten gefunden hat, die räumliche Tiefe zu beurteilen.

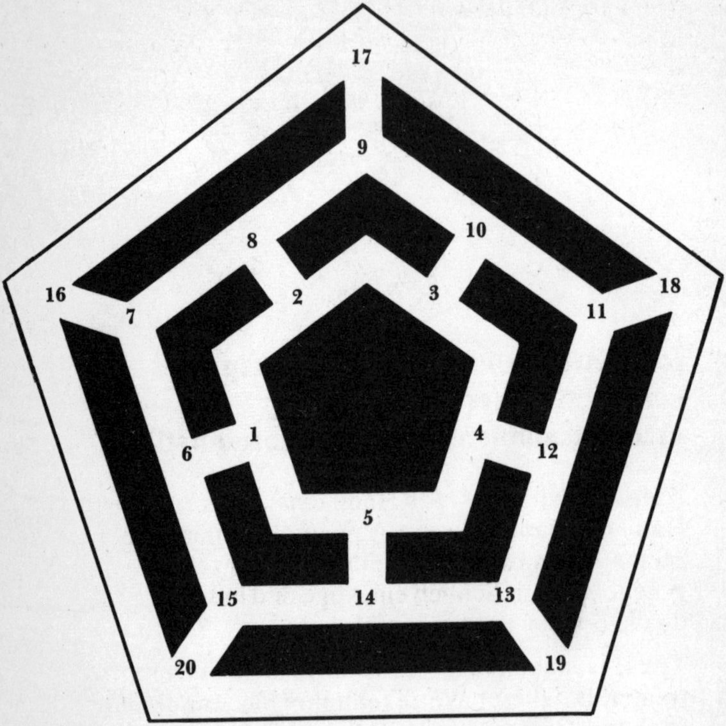

● **Geheime Dinge** Ein Industriewerk befürchtet Werkspionage. Um die kompliziert angelegten Werkstätten abzusichern, legte man einen Überwachungsplan fest. Der Rundgang des Wachmannes soll zehn Minuten nicht übersteigen. Von Schnittpunkt zu Schnittpunkt (1–20) geht er eine halbe Minute. Sämtliche Schnittpunkte muß er kontrollieren, doch nicht sämtliche Gänge durchlaufen. Der Rundgang beginnt bei Punkt 1. Wie verläuft er?

Eine runde Summe Werden die Punkte durch Ziffern so ersetzt, daß sich sinnvolle Wörter bilden, dann ergibt die Summe aller Zahlen genau 150. . = einstellige, .. = zweistellige Ziffern. (Beispiel: . -käsehoch = Dreikäsehoch)

. -auge
. -meilenstiefel
.. -ender
. -klang
.. -kampf
. -erbahn
. -silbiger
. -uhrtee
.. -pfennigstück
. -füßler
. -undsechzig
. -g
.. -enreigen
.. -markschein
. -gleisig

150

Leichtgewichte Rita ist ein cleverer Lehrling. Sie nimmt nicht alles für bare Münze, was als Füllgewicht auf den Verpackungen angegeben wird. Was sie an „Leichtgewichten“ aufstöbert, zeigt sie ihrem Chef. „Paß auf“, sagt der, „heute kommen wieder Spargelkonserven. Da ist bestimmt 'ne Niete dabei, wiege sie nach!“

Als die Lieferung eintrifft, stellt Rita gleich die acht Spargelbüchsen neben die Balkenwaage und überlegt, wie viele Wägungen mindestens nötig sind, um das Leichtgewicht herauszufinden.

Anderntags werden wieder Spargelkonserven geliefert, diesmal sind es neun Büchsen. Die skeptische Rita wiegt auch diese nach. Und da zu einem cleveren Lehrling auch gehört, daß er keinen Handgriff zuviel macht, eifert Rita diesem Grundsatz nach. Wie oft muß Rita an beiden Tagen die Waage betätigen?

m’
n
1
9
7
5
4
0
6
8
3
2

Zungenbrecher

Wer karrt den klappernden Ratterkarren
durch das knarrende Karrengatter?
Der mürrische, murrende, knurrende, klapperdürre
Ratterkarrenkarrer.

Drei tropfnasse traurige Trogträger trugen triefende Tröge treppauf und treppab.

Fischer, die als Floßfahrer
auf Flußflößen auf Floßflüssen fahren,
sind fischende Floßflußflußfloßfahrer.
Wenn die fischenden Floßflußflußfloßfahrer
aus den Floßflüssen Fische fischen,
sind's nicht Floßfische –
auch nicht bloß Fische –
es sind Floßflußfische,
es sind Flossenfische:
es sind Floßflußflossenfische.

Genau hinsehen und genau schätzen: Welches der beiden

Fenster ist höher und welches in breiter?

RÄTSEL: Einige Monate haben 30 Tage. Andere 31.
Wie viele haben 28 Tage?

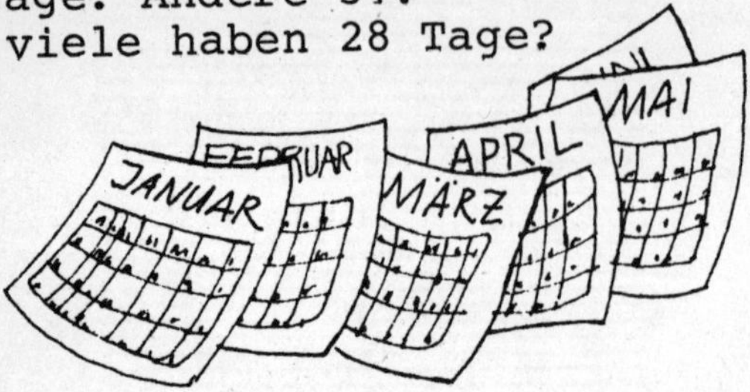

LÖSUNG: Alle.

RÄTSEL:

Wie oft hat der Durchschnittsmensch Geburtstag?

LÖSUNG: 1 mal - genauso wie jeder andere Mensch.

Doch ehe du gehst,
hier noch eine letzte Übung
im logischen Denken – wirklich eine
logische Denksportaufgabe:

Das ENDE

Der Satz auf der nächsten Seite
ist wahr.

Der Satz
auf der vorhergehenden Seite
ist falsch.

Auflösungen

Seite 6: Acht-ung vor T-in-t-en-fische-n!

Seite 7: Stromnetz – Sägeblatt – Wasserhahn – Fastnacht – Ofenschirm – Seilwinde – Turnpferd – Fleischwölfe – Hasenlöffel – Winkelmesser – Astgabel – Feldstecher – Flintenkorn – Weinblume – Erdapfel – Fingernagel – Mastbaum – Grubenhund – Wellenkrone

Seite 8: Es sind acht Würfel mit schwarzer Oberseite oder sieben Würfel mit weißer Unterseite.

Seite 18: Du bist ein Genie, prima!

Seite 20: Friedrichshafen, Zweibrücken, Ober H-aus-en

Seite 23: Über-legen-heit (= Überlegenheit), ein Laubfrosch mit Sprachfehler, der Blutkreislauf, wenn die Tür nicht mehr zugeht, der Pilot, k an u (= kanu), Kam ra (= Kamera).

Seite 24/25: Gorilla, Orang-Utan, Leopard, Bison, Faultier, Giraffe, Seepferdchen, Nashorn, Schafkamel, Seehund, Tiger, Krokodil, Kolibri

Seite 26: **Berufe, die es gar nicht gibt:** 1. Wellenbrecher, 2. Zitronenfalter, 3. Obstmesser, 4. Fischreiher, 5. Raupenschlepper, 6. Knieschützer

Seite 27: **Wer gehört zu welcher Familie:** Schwein (Eber, Sau, Ferkel), Pferd (Hengst, Stute, Fohlen), Ente (Erpel, Ente, Küken), Reh (Bock, Ricke, Kitz), Elefant (Bulle, Kuh, Kalb), Hund (Rüde, Hündin, Welpe), Eichhörnchen (Kater, Katze, Kätzchen), Wildschwein (Keiler, Bache, Frischling), Fasan (Hahn, Henne, Küken)

Seite 29: Weinrausch, We-in-R-aus-ch – Der Schwarzfußindianer – Der Fischräucherer: sie machen Bücklinge – Ja, doppelt sogar: sie ist ein Landgericht und ein Stadtgericht – Sie konnten nicht und sind darum gestorben – Man tut Kalbsgulasch auf den Teller, neigt ihn etwas, dann rinnt's Gulasch.

Seite 30: **Es heißt:** Die Tante hat das Brot, das die der Tochter gab, gestrichen – Das Handtuch – Heißes Wasser – Uhr mit Gewichten – Alles; denn eine Unterfläche gibt es nicht – Die Treppe – Der Fallschirm – Schreibe auf eine Bettlade 6, auf die andere 7.

Seite 33: **Stimmt es oder stimmt es nicht?** Es stimmt nicht, daß der Strauß bei Gefahr den Kopf in den Sand steckt. Wird er unmittelbar bedroht, dann läuft er davon, so schnell er kann, und es ist nicht einfach, einen fliehenden Strauß einzuholen. Beim Brüten aber, oder wenn er sich ausruht und nicht entdeckt werden will, dann drückt er sich flach nieder und streckt den Hals lang auf dem Boden aus. Im Steppengras ist er dann kaum mehr auszumachen. Dieses Verhalten hat ihm vermutlich den Ruf eingetragen, er würde bei Gefahr einfach den Kopf in den Sand bohren. • Es stimmt, daß es tauchende Singvögel gibt: Die Wasseramsel (auch Wasserschmätzer oder Wasserstar genannt), taucht auf der Suche nach Insekten unter und läuft dann unter dem Wasserspiegel umher. Die Wasseramsel ist auch bei uns an klaren, rasch fließenden Gewässern – vor allem an Gebirgsbächen – anzutreffen. • Es stimmt, daß es schwanzlose Hauskatzen gibt. Sie stammen von der Insel Man, die zwischen England und Irland in der Irischen See liegt. Diese Man-Katzen oder Manx-Katzen haben ungewöhnlich lange Hinterbeine und sind entweder völlig schwanzlos oder haben nur einen kurzen Stummelschwanz. • Es stimmt nicht, daß ein Tausendfüßler fünfhundert Beinpaare hat. Einige Arten bringen es aber immerhin auf ungefähr zweihundert „Füße“. • Es stimmt nicht, daß der Vielfraß gefräßiger ist als andere Raubtiere. In seiner nordischen Heimat bewohnt er unwirtliche Gebirgsgegenden, und er wurde darum „Fjellfräß“ genannt. Das heißt „Felsenkatze“ und hat nichts mit Gefräßigkeit zu tun. Seine Hauptnahrung sind Lemminge und andere Nager und Kleintiere. Weil er aber ein recht geschickter Räuber ist, der den Tierfängern sogar die Beute aus den Fallen holt und auch manchmal ein junges Rentier oder ein Elchkalb erbeutet, wird er rücksichtslos verfolgt – schon wegen seines wertvollen Pelzes. Im Sprachgebrauch wurde aus der verhaßten Felsenkatze „Fjellfräß" mit der Zeit der „Vielfraß". • Es stimmt nicht, daß die Nachttiere „Leuchtaugen" haben und darum besonders gut in stockdunkler Nacht sehen können. Bei völliger Dunkelheit können auch Katzen und andere Nachttiere nichts sehen. Doch die Pupillen ihrer Augen weiten sich im Dunkeln so stark, daß sie auch noch den geringsten Lichtschimmer einfangen können. Darum sehen diese Tiere nachts besser als Tagtiere und Menschen. Die Augen der Nachttiere leuchten auch nicht von selbst: Was wir nachts aufglimmen sehen, ist der Widerschein von irgendeiner Lichtquelle (Autoscheinwerfer, Taschenlampe, Lagerfeuer). Ins Nachttierauge ist eine Schicht winziger Teilchen eingelagert, die einfallendes Licht zurückwerfen (ähnlich wie im Straßenverkehr die Leuchtpfosten oder Rückstrahler). Bei absoluter Dunkelheit werden wir darum kein Tierauge leuchten sehen. • Es stimmt nicht, daß der Stier durch das „rote Tuch" besonders angriffslustig wird. Was ihn zum Angriff reizt, ist nicht die rote Farbe, sondern das Wedeln und Flattern des Tuches, das der Stierkämpfer dicht vor dem Kopf des Kampfstieres schwingt. Bei Tierversuchen hat sich schon lange herausgestellt, daß der Stier auf ein weißes, graues oder andersfarbiges Tuch genauso wütend losgeht, denn sein Farbensinn ist so schwach entwickelt, daß er Farbunterschiede nicht wahrnehmen kann. (Aber die Zuschauer in der Stierkampfarena wären bestimmt nicht damit einverstanden, wenn der Matador plötzlich mit einem weißen Bettlaken zum Stierkampf anträte. Darum werden die farbenblinden Stiere auch weiterhin gegen rote Tücher anrennen, solange es Stierkämpfe gibt.) • Es stimmt, daß es Riesenregenwürmer gibt. Die größten wurden bisher beim Straßenbau in Australien entdeckt: Sie sind bis zu drei Meter lang und einige Zentimeter dick. • Es stimmt, daß es in Europa wildlebende Affen gibt. Sie leben auf dem Felsen von Gibraltar an der Südspitze Spaniens und sind die einzige wilde oder eigentlich nur halbwilde Affenherde auf dem euopäischen Festland. Es sind einige Dutzend Magots oder Berberaffen, die auch jenseits der Meerenge von Gibraltar in den nordafrikanischen Gebirgen vorkommen. Vermutlich wären sie längst aus Europa verschwunden, wenn nicht ein alter Aberglaube für ihr Verbleiben gesorgt hätte.

Seite 34: Du bist Geheimrat geworden!

Seite 37: Baßgeige, Harfe (H sarg ef), Triangel, Klavier (= K Glas vier)

Seite 44/45: **Ta**ube, Fi**sch**wan, Wag**en**te, Kor**b**all, Sch**u**hr, Flas**ch**ere = TASCHENBUCH

Seite 47: KREUZOTTER

Seite 50: Die Geraden verlaufen alle parallel.

Seite 52/53: **Sonne, Mond und Sterne:** Die Sonne ist so groß wie eine Million Erdkugeln. Die Temperatur auf der Sonnenoberfläche beträgt 5700 Grad. Der Mond hat einen Durchmesser von 3476 Kilometern. Der Planet Venus ist größer als der Mars. Ein Lichtjahr ist die 24,6-millionenfache Entfernung von der Erde zum Mond. Unsere Milchstraße hat einen Längendurchmesser von 100000 Lichtjahren.

Welcher Name ist richtig: Monegassen, Andorraner, Madegassen, Guatemalteken, Sanmarinesen.

Seite 56: Der Letzte bekommt sein Ei in der Schüssel – Weil sie sich nicht in die Haare kriegen können – Weil von ihr so wenig Gebrauch gemacht wird – Fünf Maler, 5 maler – Apo-theke – Angelsachsen – In der Bibel steht: Suchet das Reich Gottes zu erlangen.

Seite 58/59: Die größten Tiere: 1 Afrikanischer Elefant, 2 Anakonda, 3 Blauwal, 4 ebenfalls: Blauwal, 5 Elch, 6 Elen-Antilope, 7 Giraffe, 8 Goliathfrosch, 9 Gorilla, 10 Hyazinth-Ara, 11 Kaiserpinguin, 12 Kodiakbär, 13 Königskobra, 14 Kolkrabe, 15 Komdodo-Waran, 16 Lederschildkröte, 17 Netzpython, 18 Rauhhai, 19 See-Elefant, 20 Sibirischer Tiger, 21 Strauß, 22 Uhu, 23 Vielfraß, 24 Wasserschwein

Seite 62/63:

A

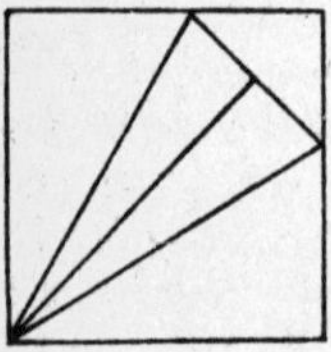

B

C

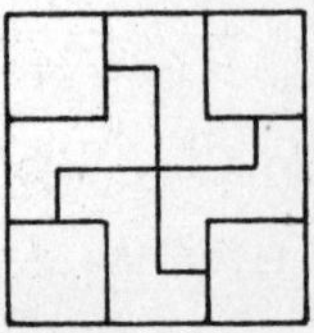

Seite 64: BLANKI

Seite 68: Von oben: in der 1. Reihe ganz rechts; in der 2. Reihe ganz links; in der 5. Reihe 3. Kopf von rechts.

Seite 72: Doof mit Knall. Das ist ein Jux und nicht geheim.

Seite 74: Hase – Hast – Mast – Most – Mist – List – Last – Rast – Rost – Rest – West – Wert – Bert

Lustige Rechnung: Vier pflichtbewußte Polizisten geben acht 4 x 8 = 32, fünf stumpfe Rasiermesser zieht man ab 32 – 5 = 27, drei Bruchstriche teilen 27 : 3 = 9, ein Dentist zieht die Wurzel, Wurzel aus 9 = 3, der Hase frißt die Wurzeln, verbleiben Null.

Seite 75: Hase – Hose – Hohe – Hohl – Kohl
Kohl – Wohl – Wahl – Wall – Wald
Wald – Wall – Hall – Hals – Hans
Hans – Hass – Nass – Ness – Nest
Nest – Ness – Nass – Hass – Haus
Haus – Haut – Baut – Brut – Brot

Seite 76: Jedes Osterei paßt in jeden Becher.

Seite 78/79: **Städtetoto West-Ost:** Der richtige Tip heißt 1 – 2 – 2 – 2 – 1 – 1 – 1 – 2 – 1 – 0 – 1 – 1

Pflanzliche Familienkunde: Die Seerose gehört nicht zu den Rosengewächsen, sie bildet eine eigene Familie. Der Krokus ist nicht aus der Familie der Liliengewächse, sondern er gehört zu den Schwertlilien. Das Knabenkraut ist kein Lippenblütler, es zählt zur Familie der Orchideengewächse. Die Vogelbeere gehört nicht zu den Heidekräutern, sondern zu den Rosengewächsen.

Scherzhaft gefragt: 1. Er wiegt Kartoffeln – 2. Das Echo – 3. Der Trompeter – 4. Sofort aufwachen – 5. Schuhmacher – 6. Urlaub

Seite 80: Fußballelf

Seite 82–89: **Quiz von A–Z: Tiernamen und Tiere, die nicht jeder kennt:**

Abu Markub: Antwort a ist richtig: Schuhschnabel ist der bekanntere Name für diesen Vogel. – **Aga:** a; kann über 20 cm groß werden und hat eine Stimme, die an Hundegebell erinnert. – **Aguti:** b; ist ein kaninchengroßes Nagetier aus der Verwandtschaft der Meerschweinchen, lebt in den Urwäldern Südamerikas, heißt auch Goldhase. – **Ai:** b – **Alpaka:** a – **Arankanga:** b; wird auch Hellroter Ara, Gelbflügel-Ara oder Ara macao genannt. – **Arapaima:** a; wird bis zu 3 m lang und ist der größte bekannte Süßwasserfisch. – **Aye-Aye:** b; ein Halbaffe mit nächtlicher Lebensweise. – **Baribal:** a – **Barrakuda:** a – **Baumtiger:** a – **Bonobo:** a – **Buschkatze:** a – **Buschmeister:** a – **Capybara:** a; ist das größte Nagetier der Welt. – **Cuandu:** a; wird auch Greifstachler genannt. – **Dugong:** a; wird 3–4 m lang, lebt von Meerespflanzen und kommt an seichten Küsten des Indischen Ozeans vor. – **Drusenkopf:** a; lebt von Pflanzen, verspeist Kakteen mit ihren Stacheln, wird über 1 m lang, bewohnt Erdhöhlen unter Lavagestein. – **Durukuli:** b – **Eierdieb:** a – **Erdferkel:** a; kann sich blitzschnell mehrere Meter tief eingraben. – **Fennek:** a; ist nur 20 cm hoch und der kleinste aller Füchse. – **Flaschennase:** a; ist unter der Bezeichnung Tümmler bekannt. – **Goldhase:** b – **Grison:** b – **Guanako:** a; ist die wildlebende Stammform des zahmen Lamas. – **Harpyie:** a; auffallendes Kennzeichen: Federkrone am Hinterkopf. – **Himmelsziege:** b – **Hufeisennase:** b – **Impala:** b – **Irbis:** a – **Jägerliest:** a; auch Kookaburra oder Lachender Hans genannt. – **Järv:** b; ist unter dem Namen Vielfraß besser bekannt. – **Karakal:** a – **Karibu:** b – **Katta:** a; Kennzeichen: langer schwarz und weiß geringelter Schwanz. – **Kea:** b – **Kinkaju:** a – **Kookabuura:** b; der „Lachvogel" Australiens. – **Lar:** a – **Maiba:** b – **Moa:** a; lebte noch vor einigen Jahrhunderten und wurde durch den Menschen ausgerottet. Die größten Moas wurden bis 3,5 m hoch und 3–4 Zentner schwer. – **Nimmersatt:** a – **Onager:** a – **Pangolin:** a – **Pekari:** b – **Pfefferfresser:** a – **Quagga:** a; das Quagga war nur am Vorderkörper gestreift und war bräunlich gefärbt. – **Rüsselhündchen:** a – **Rußnase:** b – **Schafkamel:** a; diese Sammelbezeichnung gilt für alle vier Lama-Arten Südamerikas. – **Schararaka:** b – **Schupp:** b – **Sekretär:** a; ernährt sich hauptsächlich von Schlangen und Ratten und steht darum unter Naturschutz. – **Sirene:** b – **Strandwolf:** b; auch Braune Hyäne genannt. – **Taipan:** a – **Tarpan:** b; lebte noch vor wenigen hundert Jahren in den Wäldern Europas. – **Uakari:** a – **Unau:** a; auch Zweizehenfaultier genannt; hat, im Gegensatz zum Dreifingerfaultier, vorn nur je zwei „Finger" oder Greifhaken. – **Urson:** b – **Vari:** a; lebt in den Regenwäldern auf Madagaskar und ist der größte Halbaffe aus der Familie der Lemuren. – **Vikunja:** a – **Wapiti:** b – **Wau-wau:** a – **Xenosaurus:** a; wird 25–40 cm lang und ist vor allem in Mittelamerika anzutreffen. – **Yak:** b – **Yurumi:** b – **Ziesel:** a – **Zimtbär:** b – **Zorilla:** a; bewohnt afrikanische Trockengebiete und Savannen, wird im Sudan der „Vater des Gestanks" genannt, weil er noch schlimmeren Gestank verbreiten kann als der Skunk, das amerikanische Stinktier.

Seite 92: T R A U F E

Seite 93: Ober W acht Meister (= Oberwachtmeister) – An der Fensterscheibe – Wenn ein pf davor steht – Der Buchstabe M

Seite 94: Obere Reihe: 1. Mann von links – oberster Jackenknopf fehlt. 5. Mann – Gasmaske fehlt.

Mittlere Reihe: 4. Mann von links – linke Brusttasche fehlt.

Untere Reihe: 2. Mann von links – Schulterriemen kreuzen sich anders.

Seite 95: Fliehe. Polizei.

Seite 103: Zu den Mahlzeiten – Vogelbauer – Mond – Sonne – Die Bibel sagt: Tasche, denn sie kam mit leerer Tasche – Weil es mehr Kühe als Ochsen gibt – T an t = Tante

Seite 104/105: Sie laufen ganz parallel.

Seite 106: **Wer bezahlt womit:** Griechenland – Drachme, Portugal – Escudo, Dänemark – Krone, Indien – Rupie, Rumänien – Leu

Verborgener Wunschtraum: Aus dem Wort „Demokraten“ wird „Mondrakete“.

Seite 108/109: **Was ist lauter:** 1. Flüstern (20 Phon). 2. Einzelne Schreibmaschine (60 Phon). 3. Unterhaltungslautstärke (65 Phon). 4. Schwerer Lastwagen (85 Phon). 5. Martinshorn der Feuerwehr (105 Phon). 6. 40-Watt-Lautsprecher (135 Phon)

Was steckt hinter den Abkürzungen: EWG = Europäische Wirtschaftsgemeinschaft. APO = Außerparlamentarische Opposition. dpa = Deutsche Presse Agentur. NATO = Nordatlantikpakt Organisation (North Atlantic Treaty Organization). DLRG = Deutsche Lebensrettungs Gesellschaft. FIS = Internationaler Skiverband (Féderation Internationale de Ski). ARD = Arbeitsgemeinschaft der öffentlichen Rundfunkanstalten der Bundesrepublik Deutschland. DGB = Deutscher Gewerkschaftsbund. FBI = Bundeskriminalpolizei der USA (Federal Bureau of Investigation).

Seite 110:

(A) Du stellst 666 auf den Kopf: 999

(B) Teilst du 18 mit einem waagerechten Strich, erhältst du zweimal 10.

(C) Wenn du unter IV umgekehrt VI setzt: IX

(D)

```
  X X
- 2 2
-----
= 8 8
```

(E) – 9 8 7 6 5 4 3 2 1 (zusammen 45)
– 1 2 3 4 5 6 7 8 9 (zusammen 45)
= 8 6 4 1 9 7 5 3 2 (zusammen 45)

(F) 99 9/9 (= 100)

(G) 1 und 97

Seite 111:

(A) 1 × 0 = 0
0 × 0 = 0
also ist 1 × 0 = 0 × 0
Dividiere beide Seiten durch 0 und du erhältst:
1 = 0

(B) Nimm als Ausgangspunkt
3 + 4 = 7
Dazu addierst du diese Zaubergleichung:
4 × 3 + 4 × 4 – 5 × 7 = 4 × 3 + 4 × 4 – 5 × 7
Das ergibt:
5 × 3 + 5 × 4 – 5 × 7 = 4 × 3 + 4 × 4 – 4 × 7
oder: 5 (3 + 4 – 7) = 4 (3 + 4 – 7)
Dividierst du die Gleichung mit (3 + 4 – 7), so erhältst du: **5 = 4**
Wo liegt hier der Rechenfehler? – In der vorletzten Zeile: Beide Seiten der Gleichung dürfen zwar mit dem gleichen Wert dividiert werden, aber **nicht mit Null** (3 + 4 – 7 = 0)!

(C) Die Aufgabe ist unlösbar, weil du „benannte" Zahlen (z. B. 12 DM, 8 kg, 3,7 cm ...) **nicht** miteinander multiplizieren kannst
(auch nicht 8,99 DM × 8,99 DM).

(D) Diese Zahl ist nicht 999, sondern 9^{9^9}. Man bildet also Potenzen. 9^9 bedeutet bekanntlich, daß 9 neunmal mit sich selbst multipliziert werden soll; das Resultat: 387 420 489. So viele Male soll nun die dritte 9 (von rechts) mit sich selbst multipliziert werden. Die Zahl, die dabei herauskommt, ist so groß, daß du sie gar nicht schreiben kannst: Sie enthält 369 693 100 Ziffern.

Seite 114: Beide sind genau gleich dick, bzw. dünn.

Seite 116: als ERSATZ

Seite 117: **Wo steckt der „Mißton":** Synkopen gehören nicht zur Tonleiter, sie bedeuten die Betonung eines unbetonten Taktwertes. Bariton ist keine Frauen-, sondern eine Männerstimme. Das Cembalo ist kein Schlag-, sondern ein Saiteninstrument. Die Sinfonie ist ein Konzert- und kein Bühnenstück. Die Sonate gehört zur Instrumentalmusik. Das Harmonium gehört zu den Tasteninstrumenten. Crescendo ist keine Tempobezeichnung, es verlangt das Anschwellen eines Tones.

Seite 120: In der 2. und 5. Reihe von oben: jedesmal der 2. Helm von rechts.

Seite 123: KEINE ANGST WIR SCHUETZEN TILL. ERWARTET BOB, LIA.

Seite 124: Er spielte acht mal im Tor.

Seite 134/135: ZEBRASTREIFEN

Seite 138: 1 Da-mensch-uh, 2 Na-mensch-ild, 3 Rah-menschnitzer, 4 Ul-mensch-atten, 5 Gem-mensch-nitt, 6 Blumensch-muck, 7 Dau-mensch-raube, 8 Schelmensch-wank, 9 Mum-mensch-anz, 10 Rie-menschneider, 11 Gau-mensch-maus, 12 Dra-mensch-reiber, 13 Flam-mensch-ein, 14 Im-mensch-warm, 15 Armensch-ule, 16 Pflau-mensch-naps, 17 Hol-menschwung, 18 Pal-mensch-aft, 19 Al-mensch-eune, 20 Dum-mensch-ule, 21 Mars-mensch-en, 22 Riemensch-nalle

Seite 138: Fünflinge – Nur 1 × – Die Wurst oder ein Seil – In der Pfütze – H-aus-Tier = Haustier

Seite 140/141: **Wer kennt uns:** Kolibris
Wer kennt uns nicht: Wellensittiche

Seite 142: Alle 3 sind gleich groß:

Seite 143: eins-am-keit = Einsamkeit – Sie fallen aus den Wolken – Weil im Abc S vor T steht – Der Ungar – Wenn man es aus dem Fenster wirft – kl-in-ge-l-knopf = Klingelknopf

Seite 144: Ein fauler Dreh ist das. Ich steige aus. Vivo.

Seite 147: LECKER

Seite 148:

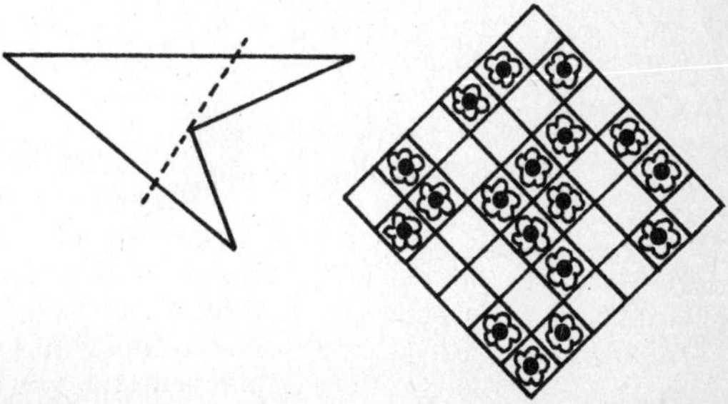

Seite 150: übernachten, über-n-acht-en – Das Katzenbaby – Der Schlüssel – Du selbst ohne Pulsschläge – Ja, wenn er am 29. Februar geboren ist – Die Motte; sie frißt Löcher – Viertel, vier-tel

Bimstein, B-im-stein – In die vollen – Zieht man zwei Finger-Handschuhe ab, bleiben zehn Finger übrig – Die Weltgeschichte – Sie lautet: Schläfst Du? – Der Floh

Seite 152: Wenn man die beiden Bände „ordentlich" ins Regal stellt, steht der 1. Band links, der 2. Band rechts. Und dann liegen zwischen Seite 1/1. Band und Seite 500/2. Band nur 2 Buchdeckel. Der Wurm brauchte also nur 2 Tage für diese Strecke!

Seite 153: Assessor – Scharfrichter

Seite 154/155: **Zehn gute Sachen aus zehn Städten:** Basler Leckerli, Berliner Pfannkuchen, Frankfurter Würstchen, Kieler Sprotten, Lübecker Marzipan, Mainzer Käse, Münchner Bier, Nürnberger Lebkuchen, Rüdesheimer Wein, Wiener Schnitzel.

Olymp, Olympia, Olympiade: Der griechische Göttersitz heißt Olymp. Olympionike ist ein Teilnehmer der Olympischen Spiele. Herakles gilt der Sage nach als Begründer der Olympischen Spiele. Die älteste olympische Disziplin ist der Kurzstreckenlauf (Stadionlauf über 192,27 Meter). In Athen waren die ersten Olympischen Spiele der Neuzeit 1896. Zweimal Olympische Spiele gab es bisher in London 1908 und 1948. Die erste Winterolympiade war 1924 in Chamonix/Mont Blanc. Der Marathonlauf führt über 42,2 Kilometer. Keinen Wettstreit gab es 1968 in Mexiko im Judo. Bei der Olympiade 1964 in Tokio wurden Judokämpfe noch in vier Gewichtsklassen ausgetragen. Der Hürdenlauf der Frauen führt über 80 Meter. Die Schlagzahl ist wichtig beim Rudern. Das olympische Kunstspringen wird auf dem Drei-Meter-Sprungbrett ausgeführt.

Seite 159: **Waagrecht:** 1 Skalp – 4 Asow – 7 Estragon – 8 Eis – 9 Leiter – 11 Tee – 12 mottenfest – 14 Numerus – 19 Brandmauer

Senkrecht: 2 Klasse – 3 Praterherr – 5 Sonett – 6 Wüstentapir – 9 leimen – 11 Irrtum – 13 fis – 15 Uhr – 16 ein – 17 Ulm

Seite 160/161: **Sie wachsen uns zum Nutzen:** Die Banane wächst nicht auf Bäumen, die Bananenstaude ist eine krautige Pflanze. Zimt reift nicht in der Erde, er wird aus der Rinde des Zimtbaumes gewonnen. Buchweizen gehört nicht zu den Getreidegräsern, er zählt zur Familie der Knöterichgewächse wie Sauerampfer, Vogelknöterich und Rhabarber. Die Betel-Palme liefert keine nutzbaren Fasern, sie ist Lieferant der Betel-Nuß.

Drei Notrufe: Das Internationale Seenot-Funksignal ist das Morsezeichen ...---... (SOS). Das Alpine Notsignal ist alle zehn Sekunden ein Sicht- oder Hörzeichen, so lange, bis im Dreißigsekundenabstand eine Antwort erfolgt. Das Internationale Funksprech-Notsignal lautet Mayday, es ist dem gemorsten Signal SOS gleichwertig.

Die großen Forschungsreisenden: Die erste Weltumsegelung machte Magalhaes. Den Nordpol erreichte zuerst R. E. Peary, den Südpol Amundsen. Die erste Forschungsreise nach China unternahm Marco Polo.

Hast du in der Chemiestunde aufgepaßt: Das war keine chemische Formel, sondern schlicht Kakao.

Seite 163: Winteranfang, w-in-t-er-an-f-an-g – Der Minister; er hat einen Sessel, der Papst einen Stuhl – Die Nase – „Wenn ich das gewußt hätte, hätte ich ihn als ersten gegessen". – Die Fensterscheibe – Handschuh

Seite 166: Eine Unmöglichkeit: optische Illusion!

Seite 168: Wachtmeister, w-acht-m-e-ist-er – Wo die tiefsten Täler sind – Der Kuckuck – Das Kalb; seine Eltern sind Rindviecher – Das Kornsieb; es läßt das Beste fallen und behält das Schlechteste zurück – Der Schlaf – Überfallkommando, über-fall-kommando

Seite 169: TRUBEL

Seite 174: Minnesänger – Sauerampfer – Träume sind Schäume – Nur Streben ist Leben

Seite 175: Fell – Feld – Held – Helm – Halm – Salm – Salz
Pilz – Pelz – Petz – Metz – Matz – Malz – Salz
Herd – Herz – Harz – Hatz – Latz – Satz – Salz
Bild – Wild – Wald – Wall – Ball – Balz – Salz

Seite 177: Eine verwinkelte Angelegenheit

Seite 180: Großes W am kleinen C = Großes Weh am kleinen Zeh

Seite 184/185: Ein Schutzengel bewacht die guten Kinder. – Ach-tel – K-in-o – Es ist gleich – drei F-liegen – Das Mädchen ißt gern Obst. – Ein Mann, ein Wort. – Zwischen -f-a-ll – Zwei-fel – Vier-tel – Über-l-ingen – Die Schweiz ist ein prachtvolles Land. – Lorbeerkranz.

Seite 188: FUTSCH

Seite 189: 1. Kreuz und quer 2. Hin und her ist 3. nicht schwer.

Seite 190: **Das Pfennig-Kreuz:** Du legst die äußersten Münzen von rechts und links auf die Münze in der Mitte, so daß dort jetzt 3 Münzen übereinanderliegen.

Die Sache mit den 8 Punkten: Warum die Lösung nicht einfach ist: Es gibt 40320 Möglichkeiten, um 8 Punkte auf 64 Felder zu setzen, aber nur 92 verschiedene Lösungen. Eine dieser Lösungen:

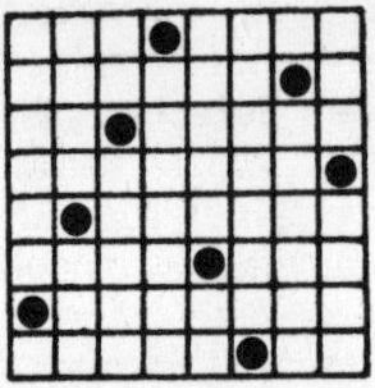

Diese eine Lösung läßt sich noch 3mal um 90° verdrehen, und alle diese 4 Möglichkeiten können zudem noch seitenverkehrt „gespiegelt" werden. Trotzdem sind die insgesamt 8 Lösungsmöglichkeiten nur **eine** Lösung – von 92 Lösungen.

Seite 191: **Kennst du die Balladen:** 1 b, 2 a, 3 b, 4 c.

Seite 192: **Giftig oder ungiftig:** Die Anakonda ist keine Giftschlange, die Schlupfwespe hat keinen Giftstachel.

Neun Hundearten: Dogge, Boxer, Mops, Spaniel, Windspiel, Spitz, Terrier = Dobermann und Setter.

Seite 193: Das stimmt nicht. Dennoch verblüfft der Scherz, und mancher fällt drauf rein. Spieler 11 bleibt ohne Bett – wie könnte es auch anders sein! Das Schlitzohr von Wirt hat den Spieler zweimal gezählt: als 2. und 11.

Seite 194/195: **Quiz für Fortgeschrittene:** 1. **Koala** (Koata = südamerikanischer Klammeraffe; Coati = Nasenbär). – 2. **Dingo** (Dugong = Seekuh, Meeressäugetier; Drongo = Singvogel aus Afrika, Australien und Asien). – 3. **Bison** (Urson = Kanadisches Baumstachelschwein; Grison = Marderart aus Südamerika). – 4. **Guanako** (Guereza = afrikanischer Seidenaffe; Gurami = Aquarienfisch aus Südostasien). – 5. **Unau** (Unze = anderer Name für den Jaguar; Unka = seltene Gibbonart aus Borneo und Sumatra). – 6. **Boa** (Goa = Gazelle aus Tibet; Beo = sprechbegabter Starenvogel aus Südostasien). – 7. **Komodo-Waran** (Kaiman = amerikanischer Alligator; Kormoran = großer Schwimm-und Tauchvogel). – 8. **Fennek** (Fossa = Schleichkatze aus Madagaskar; Katta = Halbaffe aus Madagaskar). – 9. **Aguti** (Argali = asiatisches Wildschaf; Arni = wilder Wasserbüffel aus Südasien). – 10. **Karibu** (Kerabau =

Haustierform des Wasserbüffels; Jabiru = großer Storchvogel aus Amerika). 11. **Karakal** (Karakul = Schafrasse, die die Persianerpelze liefert; Karakurt = Giftspinne aus Südrußland). – 12. **Bonobo** (Bongo = seltene Urwald-Antilope aus Afrika; Potto = afrikanischer Halbaffe). – 13. **Irbis** (Ibis = Schreitvogel mit gebogenem Sichelschnabel; Indri = größte Halbaffenart aus Madagaskar). – 14. **Skunk** (Skink = Wühlechse aus Wüsten und Trockengebieten; Munk = anderer Name für das Alpenmurmeltier). – 15. **Gavial** (Serval = Buschkatze aus der afrikanischen Savanne; Gayal = asiatisches Hausrind, auch Stirnrind).

Seite 197: Etwa neun Millimeter über der Hutkrempe. Höhe ist gleich Breite (mit Turm).

Seite 199: Türvorhang, Tür-vor-h-an-g – Kino, k-in-o – Die Hose – Eine, sie muß nur lang genug sein – Wenn du vor dem Spiegel stehst – Weil die Nacht dazwischen ist – Nur Judas, die anderen sind's geblieben

Seite 200/201: Beide sind gleich hell, bzw. dunkel.

Seite 204: 1 Elf-enschuh – 2 Neun-töter – 3 Sechs-achser – 4 Drei-klang – 5 Zwölf-töner – 6 vier-händig – 7 Zweihänder – 8 Sieben-sachen – 9 Zehn-kampf – 10 Fünfuhrtee – 11 Acht-erdeck – 12 Ein-stein

Seite 206:

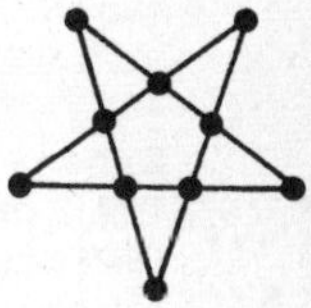

Seite 208: Wenn der Fuchs schläft, fallen ihm keine Trauben ins Maul. – 1 Radar – 2 Adele – 3 Dekan – 4 Alant – 5 Rente – Reich sein und gerecht reimt sich wie krumm und schlecht – Jules Verne

Seite 209: Galgenhumor – Sundainseln

Seite 212/213: Beide mittleren Punkte sind gleich groß.

Seite 216: Dies ist keine geheime Botschaft. Unter der Briefmarke findest du sie. Vorsichtig ablösen. Gitta

Seite 221: m-unter-keit (= Munterkeit) – paar-Radis (= Paradies) – der Müller – Ja, denn Hühner fressen keine Pferde – vier el-em-en-te (= 4 Elemente)

Seite 223: **Zweimal falsch – einmal richtig:** Die Viehfarm in Nordamerika heißt Ranch. Der Viehhirte in Argentinien heißt Gaucho. Das Grasland von Nordamerika heißt Prärie.

Dreimal „Grün“: Grüne Welle heißt die Signaleinrichtung im Straßenverkehr. Grüne Grenze ist der Name für die Schmugglerwege an der Landesgrenze. Grüner Star ist eine Augenkrankheit.

Seite 224/225: **Vogeltreffen:** In der 2. Reihe von oben der 1. und 2. von links, in der 4. Reihe der 3. von links und in der untersten Reihe der 2. von links sind andere Vögel.

Seite 226: **Juxsilbenrätsel:** 1 Kanonenrohr – 2 Ohrenschmaus – 3 Räuberhauptmann – 4 Nebelschleier – 5 Barbier – 6 Lauser – 7 Uniform – 8 Mantelpavian – 9 Eisbein – 10 Nähtisch – 11 Badefreuden – 12 Laubsäge – 13 Alleingang – 14 Urlaub = kornblumenblau

Silben – Kreuz und quer: Per-le-go-ser-la-be

Seite 228: **Schiff ahoi:** Die Dschunke ist ein chinesisches Schiff. Die Kogge wurde von den hanseatischen Kauffahrern benutzt. Das Auslegerboot hat seine Heimat in der Südsee. Die Galeere ist ein Ruderschiff mit 25 bis 50 Ruderbänken. Windjammer werden alle großen Segelschiffe genannt.

Seite 230/231: ● 1. Das Sternenbanner „Stars and Stripes“ der USA führt 6 weiße und 7 rote = 13 Streifen, die symbolisch für die 13 Staaten des ersten nordamerikanischen Staatenbundes vom Jahre 1783 stehen. 2. Judas, der 12. Jünger Jesu, nahm als 13. am Abendmahl teil, so sagt man. 3. 130 Billiarden. 4. Jeder, der einen Vierteljahres-Vertrag abschließt. 5. Irland. 6. Die sechste; Primzahlen sind ganze Zahlen, die sich nicht durch ganze Zahlen – die 1 ausgenommen – teilen lassen. 7. In der Schweiz von 1513 bis 1803; Napoleon löste sie auf und bildete Kantone – heute sind es 22. 8. Der Freitag; der sogenannte Schwarze Freitag im Jahre

1929, an dem die Weltwirtschaftskrise ausgelöst wurde. 9. Den gibt es nicht, nur 11. 10. Die Griechen vor rund 2500 Jahren; sie hatten eine mit Oktaëteris bezeichnete Zählweise, die acht Sonnenjahre umfaßte: 5 Jahre mit 12, 3 Jahre mit 13 Monaten. 11. XIII und 13. 12. In Italien bildeten 13 Dörfer nördlich von Verona bis zum Jahre 1797 als die „Dreizehn Gemeinden" (deutsche Sprachinseln) einen Freistaat unter Venedigs Schutz. 13. m.

● In einer 3/4 Stunde; dann verdrückten Karl 27 und Hans 9 = 36 Knödel.

● Nein, sie hatte keine größeren Münzen und keinen 10-Markschein in der Kasse und gab zwei 20-Markscheine und einen Groschen heraus.

● Zählt man 2 × 5 = 10 zu den 86 dazu, hat jede Seite gleich viele Zähne: 86 + 10 = 96 : 4 = 24. Zieht man jetzt 5 ab, ergeben sich 19 für die Querseite, 24 für die Längsseite: 19 + 19 + 24 + 24 = 86 Zähne für alle 4 Seiten.

● Ja, zwei: Vom Nordpol nur Süd, vom Südpol nur Nord.

● In jedem der 20 Zimmer steht mindestens ein Bett. Also 36 – 20 = 16 = Anzahl der Zweibettzimmer. Im ganzen sind es 4 Einbett- und 16 Zweibettzimmer.

● Da Lumpi doppelt so schnell läuft wie sein Herr, lief er die Strecke von 8 km zweimal = 16 km.

● In einer Minute.

Seite 232/233: Die 6 neuen Leute sind (von oben ausgehend) in der ersten Reihe die Zweite von rechts; in der zweiten Reihe die Dritte von rechts; in der vierten Reihe die ersten zwei von rechts, in der sechsten Reihe die Erste von links und in der untersten Reihe der Zweite von rechts.

Seite 235: **Ausfüllrätsel:** 1 Weber – 2 Echse – 3 rapid – 4 Verse – 5 Idiot – 6 eitel – 7 Lenau – 8 Ecker – 9 Grube – 10 Tweed – 11 Viole – 12 Irbit – 13 Erpel – 14 Liebau = Wer viel redet, lügt viel.

Visitenkartenrätsel: Briefmarken

Seite 236/237: **Kleine Länderkunde:** Das Dach der Welt ist eine Umschreibung für Tibet. Die Grüne Insel ist Irland. Das Land der aufgehenden Sonne ist Japan. Das Land der roten Erde ist Westfalen.

Es fliegt und flattert: Bis 3,60 m Flügelspannweite erreicht der Kondor. Die artenreichste Vogelordnung ist die der Sperlingsvögel mit 5100 Arten. Die Haubenlerche brütet in einer Bodenvertiefung. Kein Wintergast am Futterhaus ist die Singdrossel. Der Kanarienvogel gehört zur Familie der Finkenvögel. Die Vogelkunde heißt Ornithologie. Die kleinsten Vögel mit zwei Gramm Gewicht gibt es bei den Kolibris.

Seite 239: Vorsicht Kurve! – Sie tragen Bauknoten – Briefmarke – Deine Fotografie

Seite 240: I-in-D-an-er (=Indianer) – ein hohes T-ier – B-über-Ei (=Büberei)

Seite 246: Hammelbein, Kellerladen, Sternenhimmel, Lodenmoden, Tannenharz, Drachenburg, Bratentunken, Flaschengeist, Ledersessel, Weiberfeind, Taschenmesser, Rasselknarre, Leinenkleider, Leimfarben, Lichtflamme, Wachspflaume, Wespennest, Zeitraffer, Straßengraben, Pfundskerl.

Seite 247: Karneval – unüberwindliche Hindernisse – Es ist ein großer Unterschied zwischen Mir und Dir und Mein und Dein.

Seite 250: STRAFE

Seite 251: **Rätselspinne:** 1 Rappe – 2 Undine – 3 Neige – 4 Dogge – 5 Ursee – 6 Melde – 7 Droge – 8 Isère – 9 Eleve – 10 Urate – 11 Hacke – 12 Rabe = rund um die Uhr

Seite 252/253: Napoleon. Er hatte Niederlagen von Moskau bis Paris – Der Luftballon – Den Schatten – Nichts – Er fiel von der untersten Sprosse – Zwischen-f-a-ll (=Zwischenfall) – R-in-G (=Ring) – Es ist gleich – groß-B-an-hof (= Großbahnhof) – Weil sie am längsten im Bett liegen – Auf den Kopf – Vorgestern, gestern, heute, morgen, übermorgen – 0,8 – Moses schlug an den Felsen, **so da** Wasser sprang – Du, denn der Stuhl wird nie müde.

Seite 254: **Parklücke:** Amt – Leder – Lager – Ernte – Stand – Feder – Land – Igel – Eid – Seil – Sport – Tier = alles fließt.

Seite 256: LAWINE

Seite 258/259: Teil 1 paßt nach Anzahl und Form.

Seite 262/263: Beide sind gleich groß.

Seite 264: Auto kaputt. Abfahrt mit Fahrrad 8 Uhr. Bert hilft anderen. Karl

Seite 266/267: Bist du groschenfest

● Die Antworten lauten: 1. Nein, 21 mm. 2. Nein, er ist größer (2 mm). 3. Nein, diese Umschrift befindet sich auf der Wappenseite. 4. Nein, auf dem Groschen ist kein Adler, sondern ein Reis mit 5 Eichenblättern; der Bundesadler blickt immer nach rechts. 5. Nein, nur

1,5 mm, das Markstück 2 mm, 6. Nein, es befindet sich über der „10" zwischen zwei Ähren. 7. Nein, der Groschen hat einen glatten Rand; nur die 2- und 5-Markstücke tragen Umschriften auf dem Münzrand, sie lauten: „Einigkeit und Recht und Freiheit". 8. Nein, nur auf der Kopfseite befindet sich die Wertangabe „10 Pfennig" ohne „e". 9. Nein, das Wort „Pfennig" ist in Großbuchstaben geprägt. 10. Nein, das Prägejahr ist auf der Wappenseite unten zwischen dem Anfang und dem Ende der Umschrift „Bundesrepublik Deutschland".

● 1. Februar. 2. Ja, heute und morgen, oder gestern und heute. 3. Weil in den kürzesten Monat Februar die Fastnacht fällt. 4. Von 1792 bis 1806 im Anschluß an die Französische Revolution. 5. Der Feldhase darf gejagt, der Schneehase darf nicht gejagt werden. 6. Mit einem t (Mona-t). 7. Der Donnerstag. 8. Im Februar. 9. Weil es dann ein 13. Monatsgehalt gäbe. 10. Der Mai. 11. Die Juden. 12. Ja, vorvorgestern, vorgestern, gestern, heute, morgen, übermorgen, überübermorgen.

● Vom Landeplatz zum Fluß, dann wird abwechselnd die Strömung nach Osten und Westen ausgenutzt, bis nach dreimaligem Wechsel über die kürzesten Landstrecken die Landung beim Dorf erfolgt.

Seite 271: Das Punktekreuz PRIMA ist rechts in der Mitte.

Seite 274/275: ZUM WOHLE!

Seite 276: Kannst du richtig schätzen: 31 536 000 Sekunden vergehen in einem Jahr. 100 000 Bleistifte ergeben hintereinander gelegt eine Gesamtstrecke von 17,5 Kilometern. Auf einen Doppelzentner gehen etwa 600 bis 700 nicht ganz faustgroße Kartoffeln.

Drei Fragen für Markensammler: Die Blaue Mauritius ist eine Kolonialmarke von Großbritannien. Der Schwarze Einser ist in Bayern herausgegeben worden. Die erste deutsche Briefmarke erschien 1849 im damaligen Königreich Bayern.

Seite 278: Winter – Weil man ins Fernsehen nichts einwickeln kann – Das Alphabet, es hat nur ein W, der Mensch hat viele Wehs – Nebel, denn die Bibel sagt: Dichter Nebel lag auf der Erde – Bremsen – Platzangst

Seite 279: Der Stern befindet sich links in der Mitte.

Seite 280: **Sagenhaftes:** Zwerg Mime ist aus der Siegfriedsage; das Horn Olifant gehörte Roland; König Rodger ist ein Held aus der Beowulfsage; der Vogel Greif entführte Herzog Ernst; Siegfrieds Schwert hießt Balmung.

Allerlei Drachen: Drachenfels, Drachensaat, Drachenbäume.

Seite 281: **Hier wird's märchenhaft:** Der goldene Schuh gehört zu Aschenputtel, das sprechende Brot zu Goldmarie und Pechmarie, die Spindel zu Dornröschen, die Standuhr zu Sieben Geißlein.

Seite 282/283:

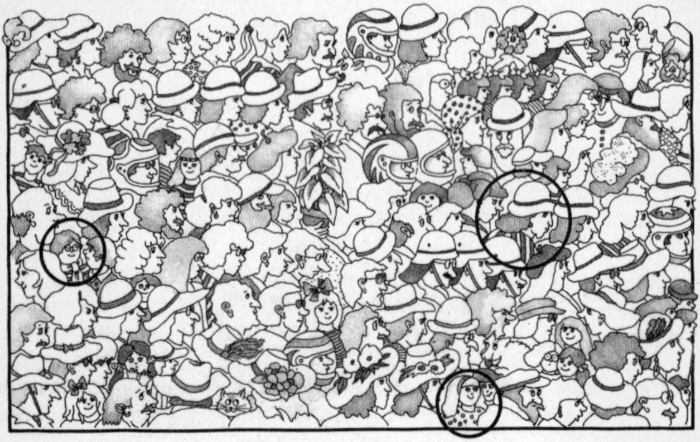

Seite 286: Quatsch mit Soße macht nicht dick.

Seite 290: Gebiß, Ge-bis-s – Die Handschuhe – In Westen – Das Fenster – Weil die Frauen sich nichts sagen lassen – Der Kabeljau – Das m; sonst wäre es ein Sch-erz.

Seite 292: Der Rundgang verläuft so:
1 – 2 – 3 – 10 – 9 – 8 – 7 – 6 – 15 – 14 – 13 – 19 – 20 – 16 – 17 – 18 – 11 – 12 – 4 – 5 – 1.

Seite 293: **Eine runde Summe:** Neunauge, Siebenmeilenstiefel, Zwölfender, Dreiklang, Zehnkampf, Achterbahn, Einsilbiger, Fünfuhrtee, Fünfzigpfennigstück, Vierfüßler, Sechsunddreißig, Zweig, Elfenreigen, Zwanzigmarkschein, zweigleisig.

Leichtgewichte: Rita wiegt täglich zweimal.
1. Wägung: 3. Büchsen auf jede Waagschale. Bei Gleichgewicht kann die leichtere Büchse nur unter den zwei Büchsen sein, die nicht auf der Waage stehen, doch mit der 2. Wägung gefunden wird. Bei Nichtgleichgewicht stellt Rita 2 Büchsen der leichteren Seite zur 2. Wägung auf die Schalen. Bei Gleichgewicht ist die 3. Büchse die gesuchte; bleibt sie nicht gleich, ist die leichtere die „Niete". Bei 9 Büchsen geht Rita genauso vor: 3 Büchsen rechts, 3 links. Bei Gleichgewicht ist die „Niete" unter den restlichen 3

Büchsen zu suchen, von denen sie mit der 2. Wägung 2 auf die Schalen stellt. Bei Nichtgleichgewicht in der 1. Wägung stellt Rita von der leichteren Seite je eine Büchse rechts und links auf. Bei Gleichgewicht ist die 3. Büchse die gesuchte.

Seite 294: Alle müssen zahlen.

Seite 296/297: Beide sind gleich groß.

Quellennachweis

Die Beiträge stammen aus folgenden Ravensburger Taschenbüchern:

Marylin Burns: Mathe macht mich krank (RTB 567):

Illustrationen: Martha Hairston
Grafische Gesamtgestaltung: Kirsch & Korn
Aus dem Amerikanischen von Kirsch & Korn
Seiten 9, 10, 11, 28, 40, 41, 57, 90, 91, 98, 128, 129, 130, 156, 222, 242, 243, 298, 299, 300

Vicki Cobb / Cathy Darling: Ich wette, daß... (RTB 754):

Illustrationen: Martha Weston
Aus dem Amerikanischen von Hildegard Leiska
Seiten 21, 51, 77, 99, 115, 149, 167, 202, 203, 207, 241, 270, 291

Lothar Dehner: Wer quizelt mit? (RTB 152):

Illustrationen: Lea Koch-Auvo
Seiten 5, 26, 27, 31, 52, 53, 55, 78, 79, 81, 106–109, 117, 131, 154, 155, 157, 160, 161, 181, 191, 192, 205, 223, 228, 229, 236, 237, 255, 276, 277, 280, 281, 301

Hans Domenego u. a.: Das Sprachbastelbuch (RTB 398):

Grafische Gesamtgestaltung: Gerri Zotter
Seiten 22, 32, 60, 61, 69, 70, 71, 73, 100, 101, 102, 125, 139, 146, 158, 159, 162, 173, 234, 238, 257, 265, 268, 269, 287, 295

Hans Domenego / Hilde Leiter (Hrsg.):
Im Fliederbusch das Krokodil singt wunderschöne Weisen (RTB 594 – vergr.):

Grafische Gesamtgestaltung: Christina Oppermann-Dimow
Seiten 42, 43, 46, 54, 65, 118, 119, 164, 165, 182, 183, 198, 214, 215, 244, 245, 288, 289

Erwin Glonnegger: Spiele – Spiele – Spiele (RTB 413):
© 1965, 1967, 1977 Otto Maier Verlag Ravensburg
Illustrationen: Aiga Rasch
Seiten 12, 13, 14, 15, 48, 49, 112, 113, 178, 179, 272, 273

Kirsch & Korn: Zahlen-Spielerei (RTB 874):
© 1983 Otto Maier Verlag Ravensburg
Illustrationen: Kirsch & Korn
Seiten 62, 63, 110, 111, 148, 152, 172, 190, 206

Kirsch & Korn: Rätsel-Bilder – Bilder-Rätsel (RTB 855):
© 1983 Otto Maier Verlag Ravensburg
Illustrationen: Kirsch & Korn
Seiten 47, 68, 94, 120, 134, 135, 224, 225, 232, 233, 282, 283

B. Manuel (Hrsg.): Vorsicht Glatteis (RTB 777):
© 1982 Otto Maier Verlag Ravensburg
(S. 24): Carolus, © ali
(S. 33): Nobert © Lüning
Seiten 16, 17, 38, 39, 66, 67, 96, 97, 126, 127, 132, 133, 170, 171, 186, 187, 210, 211, 248, 249, 260, 261, 284, 285

para: Rätselspäße (RTB 133):
© 1968 Otto Maier Verlag Ravensburg
Illustrationen: Karl Heinz Paraquin
Seiten 44, 45, 136, 137, 147, 188, 256, 274, 275

para: Freche Fragen (RTB 223):
© 1972 Otto Maier Verlag Ravensburg
Illustrationen: Karl Heinz Paraquin
Seiten 6, 7, 23, 29, 30, 56, 64, 80, 93, 103, 116, 124, 138, 143, 150, 151, 163, 168, 180, 199, 221, 239, 240, 252, 253, 278, 290, 294

para: Rätselrunde (RTB 272):
© 1973 Otto Maier Verlag Ravensburg
Illustrationen: Karl Heinz Paraquin
Seiten 20, 37, 74, 75, 92, 153, 169, 174, 175, 204, 208, 209, 226, 227, 235, 247, 250, 251

para: Schummelbilder (RTB 344 – vergr.):
© 1975 Karl Heinz Paraquin
Illustrationen: Karl Heinz Paraquin
Seiten 8, 50, 76, 104, 105, 114, 142, 166, 196, 197, 200, 201, 212, 213, 262, 263, 271, 279, 296, 297

para: Geheimschriften (RTB 404):
© 1977 Otto Maier Verlag Ravensburg
Illustrationen: Karl Heinz Paraquin
Seiten 18, 19, 34, 35, 72, 95, 121, 122, 123, 144, 145, 176, 189, 216–220, 264, 286

para: Denkspiele (RTB 466):
© 1973, 1978 Otto Maier Verlag Ravensburg
Illustrationen: Karl Heinz Paraquin
Seiten 184, 185, 193, 230, 231, 246, 254, 258, 259, 266, 267, 292, 293

Lotte Weigl: Rätselzoo (RTB 100):
© 1968 Otto Maier Verlag Ravensburg
Grafische Gesamtgestaltung: Lotte Weigl
Seiten 24, 25, 33, 58, 59, 82–89, 140, 141, 194, 195